佛學論著 目錄

般若波羅蜜多心經講記（臺灣大學講稿）

佛法概要

什麼是佛法：在未講本經以前，先要講什麼是佛法？佛是覺義；佛陀是覺者，有時簡稱爲佛。都是音譯。覺有三種含義：即自覺、覺他、覺行圓滿。自覺是自己能夠澈底證悟宇宙人生的眞諦。覺他是敎化一切衆生，也能澈底證悟宇宙人生的眞諦。覺行圓滿，是完成自覺和覺他的任務。這三種覺行，恰恰和大學的三綱領相同。自覺是明明德；覺他是新民；覺行圓滿是止於至善。法字的簡單解釋：是任持自性，軌範他解。比如桌子能夠保持桌子的自性，使別人能夠了解他是桌子，不致發生別的誤解。法字的用處甚多，大別之可分爲有爲法（世法）無爲法（出世法）兩種。即有形的現象世界一切事物，凡感官所能觸對的，言語所能表達的，思慮所能攀緣的，都是有爲法。至於一切超現實的存在：感官所不能觸對的，言語所不能表達的，思慮所不能攀緣的，都是無爲法。所以說佛法無邊，是形容他含攝的廣泛。法字的用法，有時相當於道字，有時相當於物字。要看他用在什麼地方。至於佛法兩字聯用在一起，就是指覺悟的道理而言。

佛法談些什麼：佛法是宗教，同時也是哲學。宗教哲學，可以分爲三個部門：一種是學問的思辯哲學，必須符合論理；（邏輯）一種是道德的實踐哲學，必須配合倫理；一種是精神的實證哲學，必須注重心理。研究佛法，是三者並重：由論理的思辯，進而爲倫理的實踐，最後歸到心理的實證。至於一般哲學所談的不外宇宙問題，和生命問題。佛法還要更進一步的研究如何調整宇宙和生命的關係。因此佛法所談的範圍特別廣泛。除論理、倫理、心理外，乃至物理、生理以及非物、非心的時空問題，都是佛法所要談到的內容。可以說是無所不包。歷代的大德，就經論的性質判爲不同的教相。最有名的是天臺宗的藏、通、別、圓四教。賢首宗的小、始、終、頓、圓五教，都帶有褒貶的成份。其實佛陀的教義，等於藥店中的衆藥齊備，而病人所需要的只有一兩種。藥性沒有等級好壞之分，對症就能有效。衆生的迷執和機緣不同。佛陀的教義，爲了適應衆生的機，內容也各有不同。大體上可分爲性、相、空三種。性是談本體問題；相是談現象問題；空是談遣相與顯性問題。也可以分爲體、相、用三種。三身佛法，便是指體相用而言。法身所以顯佛性，便是體；報身所以顯佛智，便是用；化身所以顯佛行，便是相。中庸所謂天命之謂性，相當於法身；率性之謂道，相當於報身；修道之謂教，相當於化身。本經屬於般若部門，是以談空爲主。但是內容所牽涉到的，性、相、體、用都有。如果詳細的講，等於一部佛學概論。

經題：般若波羅蜜多心經

本經經題前面的六個字是音譯，不能照字面解釋。先德譯經，有五種不翻：一種是尊重不翻：即對於應該尊重的名相，只譯梵音。如般若的意義是智慧，但是般若是一種解空的智慧，不是一般的世俗智，也非一般人所具有的，所以不翻。一種是多含不翻：即是一種名相含有多種意義的，中國無適當的文字代替，所以只能譯音。如波羅蜜多的原意是到彼岸和事究竟。有時可以翻爲度字，有時僅用一個度字不能含攝，所以不翻。一種是順古不翻：即沿用已久的譯音，大家都能了解他的意義，所以不翻。如一闡提是信不具者，從來沒有翻譯過。一種是此間無不翻：即中土所無的事物，如菴摩羅果之類，仍保持原音而不翻，一種是秘密不翻：因咒語的作用，在免除持誦者之分別心，所以不翻。經題中的心字，是中心、核心、心要的意思。大乘佛法是全部佛法的中心；般若是大乘佛法的中心，本經是般若的中心，所以簡稱爲心經。「心」字上面的一個「多」字，是和「波羅蜜」三字連在一起的，即「波羅蜜多」成爲一詞，有人把「多」字連在「心」字上，稱爲「多心經」，那是錯誤的。

六度：般若是六度之一，六度是大乘佛法的主要修行方法，也是修般若的主要助緣。要講般若，必須了解其他的五度。第一是施捨，計分三種：一種財施：是以自己的財物施捨與人。二是法施：是爲人說法或解釋經義。三是無畏施：是使衆生免除恐懼的心理，如對衆生生命財產的保護，使衆生一切得到安全感，便是無畏施。施捨必須不着相，對施者、受者和所施物，都不知道，名爲三輪體空，最有功德。這是無漏善。如果着相施捨，只能得到人天果報。第二是忍辱：大般若經譯爲安忍，比忍辱的意義較廣。受人辱罵加害，不生忿恨，名伏嗔恚忍；知道一切法畢竟不生，辱罵加害皆空，名爲無生法忍。忍字有印證與任持兩種意義，即是印證無生之理而任持不失。瑜伽師地論云：「於諸有情，有哀憐心，有悲憫心，有親愛故，勤修行忍。」所以佛家的忍字，兼有忠恕與慈悲的意義。忍字上再加一個安字，表示本諸自然，心安理得，毫無勉強之意。所以佛家的忍字，意境甚高。第三是持戒：持字有止持作持兩種。諸惡莫作，是止持；衆善奉行，是作持。所以持戒不僅是消極的限制行爲，同時也是積極的助長行爲。釋迦牟尼佛曾告諸弟子在他滅度以後，以戒爲師。又教人捨小學處。就是一面教人重視戒律；一面教人重視心戒，而不過份的注重形式。第四是精進：一個修行人如果始勤終怠，必定前功盡棄；能夠精進不已，才能有所成就。第五是禪那：禪那是靜慮的意思，又名思惟修。禪字是禪那的簡稱。禪有四種：㈠是安那禪：他的修法，是注意調整呼息，必須跏趺靜坐，排除雜念，注意集中鼻端或腹部或丹田，默數入息，由一到十，復由十到一，使一心不亂，漸入定境。㈡是五門禪：修五停心觀：對多貪的人修不淨觀，就是在靜坐時默想人的七竅，無一不是穢濁，如唾沫、涕淚和大小便等。或假設有一個美女當前，逐漸變成一個穢濁的病相，又變成可怕的死相，由青瘀膨脹的尸體，又逐漸變成一堆白骨。這種修行方法修久了，只要閉上眼睛，所見的都是白骨。一見着美色的男女，立刻想到病相和死相，自然不起淫念。同時知道自己也有變成白骨的一天，就不起任何貪念。以前出家人就靠這種禪法控制自己的欲念。對多嗔的人修慈悲觀：嗔心的生起，是由於我執的觀念太重。假如對一切衆生視爲一體，無人我之分。一念慈悲，嗔心自息。以前彌勒菩薩念佛不得見佛。有一次看見一隻生瘡的狗子，瘡破濃出，彌勒菩薩悲心發動，替狗吮瘡。心中想念的佛，便立在面前。彌勒問佛：我想你時何以不來？我未想你時，何以又來？佛云：我隨時都在你身邊，只是你未發大悲心時見不着我。由此可見慈悲心的重要。對於多癡的人修緣起觀：現象界的一切事物，都是緣生緣滅，無有實體。但是衆生往往執爲實有。因之而有善惡、是非、好惡、得失之分。苦樂的情緒，也就因之而生。這是由於不明緣生無性的眞理所致。假如能夠修十二因緣觀，明白緣生無性的眞理。便可以斷除癡心。詳細理由，以下另講。對於多慢的修無我觀：我慢是自尊心和自卑感兩種矛盾心理所生起的。這兩種心理，都是起於我執。把我執的觀念破除了，就無我慢的積習。對於多散亂的修數息觀：數息觀是一種繫緣止，把一切雜念寄托在數息上，使定於一境。便是上面所講的安般禪。㈢是念佛禪：念佛禪卽是淨土法門，這是在佛法當中最簡易的一種修行方法，也是最盛行的修行方法。佛家各種行門，不外排除雜念。雜念是由識心生起的。識心用事，便蒙蔽了覺性。念佛是一種以楔出楔的辦法。念佛念到一心不亂，便能入定。便是一行三昧。所以念佛也是禪法的一種。念佛還有幾種好處：一是念佛號一句，就在我們的八識田中，留下一顆佛號種子。到了種子成熟時，可以開花結果，能得到殊勝的因緣。一是人類的思想活動，有腦電波發散，可以發生感應作用。衆生的腦神經既可以發出電波，當然也可以接受外來的電波。骨肉之間，彼此電波型式相同，心電感應，也特別敏感。如曾子在山中砍柴時，家中來了一個客人。因爲離家稍遠，曾母欲召曾子回家，嚙指出血，曾子在山中立卽感覺心痛，知道母親有病，立卽回家省視。此卽心電感應的作用。還有一例：俗語經常說：說曹操曹操便到，也是一種心電感應。因爲曹操已經動身前來，所以他的心電一直向主人處散發。主人的中樞神經受到曹操腦電波的刺激，所以就想到曹操。便由中樞神經刺激語言神經，就講起曹操了。在雜念太多的人，神經被雜念所蒙蔽。表層意識，感覺不太靈敏，接受外來的刺激，比較遲鈍。夢中表層意識停止活動，深層意識（潛意識）特別敏感，所以夢中能有預感，也是心電感應的一種。孔子經常夢見周公，和念佛的人，在夢中可以見到佛，是同一道理。因佛菩薩有度生的願力，衆生有求度的願力，兩種電波型式相同，容易感應。㈣是實相禪：觀空、觀假、觀中的一心三觀，便是實相禪。此種禪是從中論的「因緣所生法，我說卽是空，亦名爲假名，一名中道義。」的理境上修觀。空、假、中是一境三諦，便是諸法的實相。依一境三諦而修一心三觀，便是實相禪。

祖師禪：以上種種，都稱爲依敎禪。此外尙有如來禪與祖師禪的分別。如來禪並不是有一個獨特的作風，六度所攝的皆爲如來禪。有時與祖師禪並稱，以依敎次第修行的爲如來禪；有時又稱祖師禪爲如來禪。祖師禪又稱爲宗門禪。他的特點：是敎外別傳，不立文字，直指人心，見性成佛。又稱頓悟成佛。頓悟理論的建立，是始於竺道生，不過達摩祖師來華以後，才有以心傳心的禪法。六祖以後，才開始成立敎團，宏揚頓敎。並開始有了文字的記載。六祖禪經中所談的完全是心理學說，寓有高深的哲理。開宋儒理學心學的先河。在中國佛學史上和文化史上，都佔有很重要的成份，歷唐宋元明淸五代，均盛行不衰。

譯經者：唐玄奘大師

此經在大正藏所載的共有八種，流通本是唐玄奘大師所譯。據唐梵譯對字音心經慈恩和尙述記序，記奘師西遊至益州，遇一僧人語奘師云：「前途多險，我有三世諸佛心要法門，師若受持，可保往來無虞。」後奘師每值危難時，卽意念四十九遍，所求皆效。奘師西域記，亦有類此記載。似乎在奘師以前，卽有心經譯本。又奘師譯品甚多，均採直譯方式。惟此經獨用意譯；而文字簡練，不類奘師其他譯品。是否確爲奘師以前所譯，不得而知。但流傳則係始於奘師，應無疑問。

觀自在菩薩

觀自在是觀世音菩薩名號之一，觀自在是菩薩自證的智境；觀世音是菩薩度生的悲願。一是自覺，一是覺他。自在的分類甚多，歸納起來：不外物質的和精神的兩種。物質的自在：是能顯現各種神通妙用，各種淨土，各種意生身，不受物質的限制。精神的自在：是能了知過現未三時緣生緣滅的本末究竟，和諸法實相，證得正等菩提。衆生所爭取的是自由。妨礙自由，是人爲的限制，是社會性的約束。不自在是自然界的約束：如寒暑的侵襲，饑渴痛癢的感受，和受空間的限制，活動不能自由；受時間的限制，生命不能久存。各種感官，旣不夠用，又不正確，且不能爲所欲爲。凡此種種限制，都是不自在。衆生習慣了這些不自在的生活，聽諸天命，以爲無法改善，所以也就不想改善。菩薩證得涅槃以後，解脫一切大自然所給與的一些限制，及因此所感受的一些痛苦，進入自在境地。所以稱爲自在菩薩。觀字是觀察的意思，因菩薩還有一分無明未斷，雖是解脫了一切痛苦，但還未證得無上菩提，沒有到達智自在的程度。一定要在觀照時才能達到最高的自在境地。所以稱爲觀自在菩薩。菩薩二字，是菩提薩埵的簡稱。菩提是覺義；薩埵是有情，卽是有情識的衆生。菩提薩埵四字合稱：就是覺悟了的有情；又可以解作能覺悟有情者。前者是自覺，後者是覺他。講到此處，有一個值得硏究的問題：便是佛陀是覺者，菩薩也是覺者，音不同而義相同，分別究在何處？依我的臆斷：佛陀是覺行圓滿的人，菩薩還有一分無明未斷。是自覺尙未圓滿；應度的衆生，尙未度盡，覺他也未圓滿，所以不能算是覺行圓滿。差別可能在此。雖同是覺者，但有程度淺深的不同，等於中國人對聖人也稱君子，對賢人也稱君子一樣。又觀自在三字，也可以獨立成句，將菩薩二字和下文的行深般若波羅蜜多時聯成一句。因觀自在三字，可作全經總綱，故可斷作一句。

行深般若波羅蜜多時

般若是智慧，前已談及。般若上加行深二字，頗爲費解。一般解行爲修行；歐陽競無居士解爲相應：以行深般若者，觀慧相應涅槃，行卽相應觀慧。是行字卽知行合一的行，生知安行的行。測法師謂行是能觀智。明僧費隱謂行卽契入之智。可見此處的行，不是修行的行，而是解行相應的行。深字也有多種含義：大品經云：「不見行，不見不行，是名菩薩行深般若。又理離有無相，絕諸戲論，無分別智，證此深境，故曰行深。」仲希法師云：「般若行有二：一淺，卽人空般若；二深，卽法空般若。簡淺辯深，故云行深般若。」諸萬里居士云：「深者微也，言菩薩修行到微妙處。」歐陽競無居士謂：「色與眞如差別故，是深般若。」綜合以上解釋，是深般若不僅解人空，且解色空不異；不僅是知解，且是證悟，行深般若波羅蜜多時，便是行者證悟人法兩空與色空不異的境界時。

照見五蘊皆空

先分析五蘊

色蘊：色的定義：爲對礙、方分、變壞、示現四種。對礙是可觸對而有質礙；方分是佔有空間。中國人稱上下左右前後爲六合，西方人稱空間爲深廣袤三度，佛經中的方分在六方中加一個中心，共爲七方。空間計數，並按七進計算。變壞是指成住壞空四相，示現是指有形象可見而言。

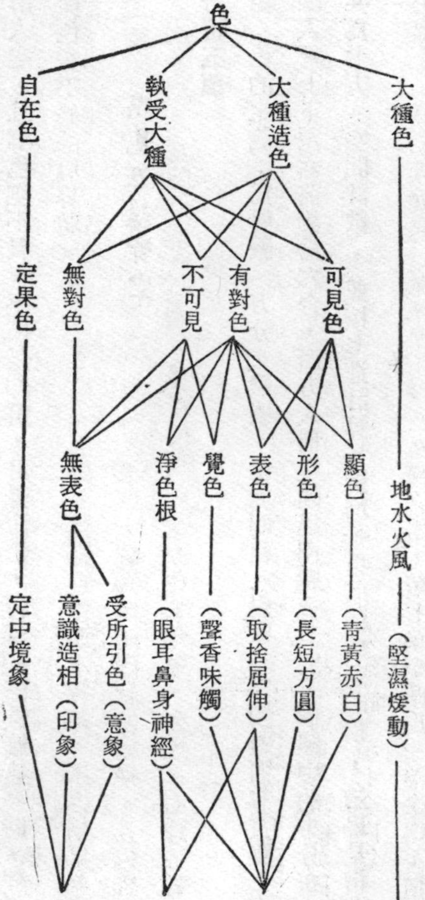

色不僅指物質而言；用事物二字解釋，比較恰當。色的種類，分析的方法甚多。經綜合各家意見，擬具右列分類表。計分大種色、大種造色、執受大種、自在色四大類。大種色包括地、水、火、風四大種。地是堅性，水是濕性，火是煖性，風是動性。地、水、火、風，就是堅、濕、煖、動四種物性的代名詞。四大是每種物性都具有的。換言之：即每種事物，都是由四大所生起的。所以稱之爲種。大字是普遍的意思，相當於磁場的場字。指四種物性，隨處皆有，所以稱爲大。大種色僅是物質的邊際，或稱爲原料亦可。最大限度，只能當作素粒子，並非有形的物質。**大種造色，是指由大種所產生的物質。**其中包括㈠可見的色：即青、黃、赤、白等顯色；

長、短、方、圓等形色；取、捨、屈、伸等表色。（動相）㈡有對色：除可見部份外，尚有聲、香、味、觸等能感覺到的，和眼、耳、鼻、舌、身的神經等，佛家稱爲淨色根。因爲神經既不可見，而效用特強，五官只是扶根塵，（扶助五根的色塵）並不發生認識的作用。爲了避免誤以五官爲五根，故稱爲淨色根。㈢不可見色：包括所感覺的聲、香、味、觸，和能感覺的淨色根及無表色。無表色又分兩種：一種是受所引色，即因受戒而浮現於神經中的意象；一種是意識造相，即除受戒外，一切意識活動所留的印象，都稱爲無表色。現在德國已發明一種思想照相，能把你心中所想的事物用照相機照了出來。這可證明佛家將無對的事物列在色法以內，是符合科學的。執受大種：與大種造色相同，是指可見有對色和不可見無對色，專就衆生的軀殼而言。軀殼是四大種所集合而成的，與其他物質並無不同。但衆生執爲自體而不肯捨，所以稱爲執受大種。㈣自在色：是修行人在定中所顯現的境象；又稱定果色，純爲精神活動的結果。凡色皆有質礙。惟自在色不受此限制。根據以上的分類，佛家的色，可以包括物理、生理、心理三種，所以稱爲事物，比較恰當。

極微：極微是色之最微細者。佛法中所談的極微有兩種：一是指物質的邊際而言，即素粒子。一是指能而言。但一切物質及精神的活動，都是以極微爲體，這是各派的共同看法。俱舍論說：七個極微爲一微量，積微量至七爲一金塵，可在金中往來無礙；積七金塵爲一水塵，可在水的空隙處遊動；積七水塵爲一兔毫塵，等於兔毫之端；積七兔毫塵爲一羊毫塵；積七羊毫塵爲一牛毫塵；積七牛毫塵爲一隙遊塵。（在空隙處可以遊離者）細至金中可以活動；而金塵且爲極微的四十九倍，可見極微並非物質，當係指能而言。而極微又爲微量的七倍，更非物質所能比擬。俱舍鈔云：「世界成卽聚亦不增，壞卽散爲極微亦不減。」此卽能質互變及能量不滅之說。所以佛家的色法，與心物都有關係。由科學的證明，得到正確的結論。卽色法並無實體，只是能的活動結果。乃至能的活動，也無一定的塗轍。足以證明色是無自性的。無自性便是空的代名詞。

受蘊：舊註受是領納。分爲苦受、樂受和不苦不樂的捨受三種。用現在心理學的名詞來講：受是感覺作用。衆生的根身和外界事物接觸時，就免不了有苦樂的感覺。同樣的事物，在甲認爲是樂受的，在乙可能認爲是苦受。在甲認爲是苦受的，在乙可能認爲是樂受。苦樂並無一定標準，只看各人的感覺如何。卽在同一人對於同一事物，也可能有先後不同的感受。如熱病惡火，寒病惡風，便是一個例子。外在的事物，旣無實體；忻厭的情緒，又隨時不同。可見受蘊也是無實體性的。無實體性便是空。

想蘊：想是一種認識的心理作用，簡稱爲取象。包括了別、聯想、分析、綜合種種心理活動。此種心理活動，是以感官所觸對的事物作依據。獨散意識，雖不以現在的事物作生起的依據，但仍離不了過去事物的經驗。可見想蘊也是無實體的，也是空的。

行蘊：行是意志的活動，含有造作的意思。此處的行字，與「諸行無常」的行字，意思略有不同。「諸行無常」的行字，着重在遷流。行蘊的行字，着重在造作。卽前五識與外境接觸時，經過第六識的取象階段以後，便進一步想到如何適應或處理外界事物。作善作惡，就在此一念之間。起惑造業，都以他作主體。行蘊的生起，一方面是受外界事物的刺激；一方面受過去業力的牽引，並不是有一個意志的實體，所以也是空。

識蘊：識以了別爲性，即對外界事物的了解和分別。識的作用很多，所以分類也多。但此處所指的識蘊，有一部了別的任務，由受蘊、想蘊代替了。所以是狹義的了別。又此處的識，且不限於第六識的了別作用；也兼有第七識的執我和第八識的受薰作用。因五蘊是包括物質和精神的全部。七八兩識既是精神作用，當然爲識蘊所含攝。前面所講的受蘊、想蘊都是以外界事物作生起的依據。識蘊的了別，也不離外界事物。假如離去根塵，識也不能生起。其另一部份的執我與受熏的作用，也是由多生以來生活經驗所熏習的，均無實體。所以是空。惟此識不包括第九識。以下另述。

五蘊的蘊字，是集聚義。即由多數的事物集聚而成。無獨立的自性。他能覆蓋一切善法，所以又稱五陰。五蘊都是緣生緣滅，一切皆空。只有菩薩才能照見。

次爲空義：空字是佛家的精義所在，也是很容易被誤解的一個字，佛家經常用三種方法說明空義。

第一是三種假法：㈠是體假：便是沒有實體的假。如鏡花水月、杯弓蛇影、龜毛兔角，只是影像和幻想的有。而在宇宙間絕對無此事物。故稱體假。由此類推到大梵天等，凡由意識所虛構的事物，都是體假。㈡是和合假：本來只是一些零細的事物和雜多的事物，把他拼合起來變成另一整體事物，便是和合假。此如一座房子，並非本來具有的，集合土木磚瓦水泥等材料，再加入人工，便成了一座房子。假如離開這些條件，並無房子的存在。由此類推廣到一切事物乃至大千世界，都是和合假。㈢是相待假：又名分位假。是因爲兩種事物的互相比較而生起的。如因長而有短，因大而有小，以及方圓、橫直、上下、左右、邪正，乃至是非、善惡……等一切對待名相，都是相待假。五蘊都無實體，由五蘊所生的我，當然也無實體，即是體假。五蘊和我，都是因和合而有，即是和合假。五蘊互相對待；我與非我，也互相對待，即是相待假。旣具備三假條件，卽是空。

第二是三法印：印的意義，是印持和印證。三法印卽是三種可以印證和印持的法。㈠是諸行無常：這個行字比行蘊的行字，含義較廣。行蘊的行字，只就心理的活動而言。諸行的行字，包括一切事物的變動：色法的成、住、壞、空，心法的生、住、異、滅都是行。凡是動的事物，都不能永恆的存在和永恆的不變。所以說是無常。無常便是空。㈡是諸法無我：我是主宰義，主是我體，宰是我所。佛家的我，有人我與法我兩種。人我有物質的我和精神的我。物質的我便是軀殼，由少而壯，由壯而老，細胞不斷地生滅。每經七年，卽全部更換一次。佛家稱爲變易生死。便是此刻的我，已非七年以前的我。精神的我，便是思想。笛卡兒說我思故我在，和康德所說的統覺，都是認定有一個思想的我。佛家認爲心理的活動，是由六根接觸六塵所生起的。如「根塵脫粘，識無所寄。」思想的我，也不存在。吾人現在的思想，與壯年時乃至少年時絕不相同。足證思想也不斷地在改變。又那來一個思想的我？也有人把輪廻六道的業識當作我。但業識也是不斷地隨同生活經驗在轉變，如流水般的相續不斷；也等如各段的流水，受經過地區的影響，水性各有不同。此足以說明人無我。至於一切事物，都是緣生緣滅，並無自性。故法亦無我。無我便是空。㈢是涅槃寂靜：涅槃是就解脫而言，到了解脫的境地，一切煩惱，都歸於寂靜。這是澈底唯空。

第三是無自性：自性的定義：是本來如是，永恆如是。不能造作，不能改變。所謂無自性：㈠是可塑性：對一切事物，可以用人力改變成另一事物。如木形無自性，所以能雕刻成各種形象，又可做成各種器具。假如有了自性，就無法改變他的定型。由此推廣到全宇宙一切事物，沒有不能改造的。㈡是變異性：指自身的變化而言。如固體可以變成液體，液體可以變成氣體，這是最普遍的變異。屬於空間性的。另有屬於時間性的：甲物生而乙物滅，乙物滅而丙物生。人類由少而壯，由壯而老，乃至有生有死，都是時間中的變異。推而至於宇宙間一切事物，都不斷地在生滅變化中。所以無自性的空，是一切事物互相調和，互相依存的必具條件。

從上面所說的幾種定義來研究，空並非等於零。若等於零，就成了斷滅空和頑空，不能再起任何作用。佛家的空，是用否定的形式說明超脫的思想。所以不僅是否定一切有，也否定一切空。如大般若經的空空，就是對空的否定，空既被否定了，當然還保留着不空的效用。這個效用，便是妙有。有了空，又有了有，才是緣生無性。所以旣不可着空，又不可着有。衆生是偏於着有的一面，如是生起人我執與法我執，作煩惱的根源。二乘人證得我空以後，認爲尚有諸法存在，又在一切事物上起分別，善惡是非的觀念，因緣以生。內心還是不能平靜。當然也就不能證得無分別的智果。以前牛頭法融法師，能感召虎狼繞庵，百鳥獻花。四祖訪融法師見了虎狼，表示出一個恐怖的樣子。融法師說：「還有這個在。」意思是說四祖還有分別心。四祖趁融法師不在時，在融法師常坐的石頭上寫了一個佛字，融法師走來將要就坐。見有佛字，害怕不敢坐。四祖說：「還有這個在？」融法師有省，請四祖說法。後此卽再不見有繞庵的虎狼和獻花的鳥。這一段公案是說明融法師未見四祖時，已證我空，所以禽獸不起恐懼心，但未證法空，所以還有物在。見了四祖以後，始證得法空，不知有我，也不知有物，到了寂靜的境界。這證明法空的重要。菩薩在行深般若波羅蜜多時，觀照所得，知道不僅是蘊中找不出一個固定的我，乃至五蘊也都無自性。是人無我，法亦無我。物我兩忘，有無俱泯。這是一種超越肯定與否定的空。

度一切苦厄

苦有八種：除生老病死四種身苦外；還有心苦：㈠是怨憎會苦：自己所憎惡的人，不願相見；但是往往寃家路窄，容易相逢。所謂仇人見面，分外眼紅，所以是苦。㈡是愛別離苦：自己親愛的人，總希望長在一處。但合久必離，離別便是苦。㈢是求不得苦：包括一切有求的身心活動。求而不得，當然是苦。此外是五陰盛苦，又稱五盛陰苦或五取蘊苦。舊註稍嫌含混。在上述各苦以外，還有許多的煩惱：如能所的分別，善惡是非的分別，是由我法兩執所生起的。而我法兩執，又是由五蘊所生起的。追本溯源，所以稱爲苦。有簡稱爲三苦的：即㈠苦苦：由寒熱飢渴所生的苦；㈡壞苦：樂境壞時所生的苦；㈢無常苦：一切事物變遷所生的苦。又有簡稱二苦者：㈠內苦：包括身心所受的苦；㈡外苦：包括惡賊虎狼和風雨寒熱所侵襲的苦。人生莫不追求快樂。但快樂亦無自性，以能解除痛苦爲快樂。如生病是苦，病愈便覺快樂；飢寒是苦，飽煖便覺快樂。所以一切快樂，都是建立在痛苦上的。而快樂的後果，又能產生痛苦。如坐久了的人以坐爲苦，立久了的人以立爲苦。飽煖過量，遊戲過度，皆足爲苦。衆生不懂得苦樂無自性的眞理，總想追求快樂，逃避痛苦。只有菩薩知道苦樂都是五蘊所生起的。能觀察出來五蘊是空，就能解脫一切的痛苦和災厄，便是解脫。所以度一切苦厄，是本經的主要目標，也是學佛人的最終目的。

舍利子

舍利子的本名是舍利弗多。舍利是一種鳥名，譯作秋路。弗多是子的意義。舍利鳥的眼睛明利，舍利子的母親，眼睛也很明利，所以稱爲舍利。印人以稱父母的名爲尊敬，和中國的避諱，恰正相反。舍利子的名字，就是爲了尊敬他的母親，故稱舍利子。他是聲聞乘，在佛陀弟子中智慧第一。本經是發揮高度智慧的，所以以舍利子爲當機的弟子。

色不異空，空不異色

異字一般人作離字解。從文義言，自無不當。但奘師譯經時何以不徑用離字而用異字呢？豈不是故弄玄虛。我想一定有他的道理。所謂不異，是指相同而言。究竟色和空有何相同之處？因色是無自性的，空也是無自性的。如果是色有自性，就應該永遠是色；空有自性，就應該永遠是空。但事實上色可變爲空，空可變爲色。是色空都無自性。既是同一無自性，故云不異。又就效用言：色空必需互相依存。比如杯子能裝水，是因爲有空；空能裝水，是因爲有杯子，（色）這是色空互相爲用，故云不異。

色卽是空，空卽是色

卽是是指兩者互爲一體而言。色卽是空，是當體卽空。比如我們眼前所見到的桌子，我也說他是木頭，當然是對的。空卽是色，是從眞空所顯現的妙用。比如我們眼前所見到的桌子本來是木頭，我們說他是桌子，也當然是對的。吉藏大師在宮中講經時，指金師子比喻性相。色是相，空是性。所謂色卽是空，等於說師子就是金；空卽是色，等於說金就是師子。離金無師子，離師子也無金。金與師子，本是一體；色之與空，也是一體。

綜合色空四句而言：色是指緣生的法（師子）而言，空是指無性的理（金）而言。因無自性，故可隨緣；因能隨緣，故非虛無。色不異空，指色無實體而言；空不異色，指空能隨緣而言。色卽是空，謂緣起以性空爲體，因色而顯空，是卽色卽空。空卽是色，謂性空爲緣起所依，因空而顯色，是卽空卽色。空爲體，色爲用，體用不離，色空相卽，卽是中道義。中論云：「未曾有一法，不從因緣生。是故一切法，無不是空義。以有空義故，一切法得成。若無空義者，一切法不成。」一二兩句，所以說明不異之理；三四兩句，所以說明卽是之理。後四句說明空有不二及互相爲用之理。有非眞有，空非頑空。緣起性空，是爲佛法的眞諦。

中道：中道義在佛法中所佔的份量很重。本經的色空不異四句，也是本諸中道的精神。所以在此處有順便一談的必要。最有名的八不中道，是以破八爲破一切；又由破一切以顯第一義的。八不是不生、不滅、不常、不斷、不一、不異、不來、不去，共爲四對；每對都是一正一反。證得八不，便能明瞭一切的不而達到畢竟空的境界。更由此而能知道空有不二的中道。中道的論證，有事證和理證兩種。事證是以谷爲喻：谷是從以前的種子所生，前更有前，無法說明最初的一粒谷種所從來。如果說是從無而生，不合因果律；從其他星球飛來，不可想像；神造更是無稽。所謂生，是本無今有。但是離了以前的谷種，便無新生。既是從前已有，非今新生，卽是不生。谷的存在，古往今來，永恒如此。所以是不滅。以前的谷，並不是現在的谷，新陳代謝，所以說不常。但谷的相續，年年不斷，所以說不斷。谷芽非谷花，谷花非谷芽，果實花芽，各不相同，所以說不一。離開谷種，卻無芽莖花實，所以說不異。芽莖花實，自己所變，非從外來，所以說不來。在谷中找不出芽莖花實，是不出。不來不出，卽是不去。這是八不的事證。再談八不的理證：在中論中有四不生偈：「諸法不自生，亦不從他生，不共不無因，是故知不生。」萬法都無自性；旣無自性，自無對立的他性。所以是不自生，也不是他生；旣無自他，當然也非共生。除自生、他生、共生外，又非無因而生。由此四個否定，可以肯定萬法是不生的。旣是不生，自無有滅。不生不滅，卽是中，卽是空。中論云：「諸業本不生，以無定性故；諸業本不滅，以其不生故。」十二門論云：「先有則不生，先無亦不生，有無亦不生，誰當是生者。」生滅旣無，其餘六相，當然也無。世相流轉相續，故不斷；諸行無常，故不常；萬象是諸法，故不一；諸相不可得，故非異；前後不可得，故說不來不去。去來是一種動相，是以空間時間形式作條件的。中論云：「因物故有時，離物何有時，物旣不可得，何況當有時。」其實物質與空間的關係，也同樣重要。因物質的有無，是由空間所顯；物質的變化，是由時間所顯。物質的本質旣無，空間時間的本質自不存在。旣無空時，又何有來去的動相。萬象的本體是空，而因緣是有，是絕對的中道境界。三諦圓融，是諸法當體全是的境界。任舉一物，都具有空假中的三諦。因空的本身具足種種妙相，所以空卽是假而非頑空；空本身具有絕對的德用，所以空卽是中。假非實有，假本身卻具有本來寂滅之體，所以假卽是空。假乃非空非有，亦空亦有，絕對不可思議，妙用無窮，所以假卽是中。中乃非空非有，亦空亦有，其體空，其相假，其用絕對。所以中是卽空卽假的中。三諦是天然的德性：中諦統一切法，非空非有，卽空卽有；眞諦泯一切法：一切都是空；俗諦立一切法，一切都是有。舉一卽三，非有前後；衆生本具，非造作所得。一空一切空，假中無不空，這是總空觀；一假一切假，空中無不假，這是總假觀；一中一切中，空假無不中，這是總中觀。三觀是由主觀立名；三諦是由客觀立名。而主客是相卽相入，不一不異。心卽是物，物卽是心；世界的本體是空，心的本體也是空。可是空的本體是一卽一切，一切卽一的。空假中三位一體，是世界的本體，也是心的本體。這便是三諦圓融的實相。

受想行識，亦復如是

色和空的關係，既是建立在緣起性空上，其用相同，（不異）其體是一。（卽是）物質界如此；精神界的受想行識，與空的關係，亦復如是。此等語句，放在大般若經內，一定是譯成：受不異空，空不異受；受卽是空，空卽是受。……用同樣的句法，把受、想、行、識，各用四句說明。而在此經只用八個字。可以省去五十六字，而意義不失。

舍利子，是諸法空相，不生不滅，不垢不淨，不增不減

此處的相字，當性字用，空相是指空性而言。是我們識心中所虛擬的一種體相，而不是我們感官所觸對的相狀。一切有形事物，都有對待，說長便有短與之對待；說大便有小與之對待；說

是便有非與之對待。有對待就有比較，有比較就有是非。一切分別心都由此而起。假如伸出一個指頭，你不能說他是長是短；再伸出一個指頭來一比較，便有長短的分別。所以有形事物，可以用言語表詮。空相是平等一如，絕對待差別之相，無法比較。他是超越生活經驗的。所以不能用表詮生活經驗的語言文字來表詮。不僅語言文字不能表詮，乃至思慮也不能攀緣。所謂「言語道斷，心行處滅。」只能用否定的方式遮詮。六不是詮性的，和中論的八不，絕不相同。因八不是以因緣生法爲前提；六不是以空相爲前提。在空的前提下沒有生滅、垢淨、增減種種世相。生滅是言體，垢淨是言質，增減是言量。不生不滅是無體，不垢不淨是無質，不增不減是無量。現象界的一切事物（諸法），無不具有體、質、量三種條件；但從諸法自性上言，則體、質、量一無所有。所以說是空相。

是故空中無色，無受想行識

本經談空，共有四處，各有程度上的深淺不同，由淺入深，逐層探索。第一是「照見五蘊皆空」，是從有以觀空。因爲衆生所接觸到的一切事物，都是有的一面，當然對有易生執着。爲了破執有，所以否定有，引導衆生，從有入空。第二是「色不異空」至「亦復如是」六句，是從空有以顯中道。因恐衆生執着空的一面，所以說空有同是緣起性空。等於科學上的能質互變：能動則變爲質，質動則變爲能。能質的變化，均原於動，所以說不異。能變爲質而能不滅，質變爲能而能如故。物質爲能的另一形態，故曰卽是。中道卽由不異與卽是所產生。非質不顯能，非能不成質，有能質而後有中道。等於儒家的窮則變，變則通。是有窮有變而後有通。又等於黑格爾的正反合，是有正有反而後有合。二者互爲依倚，生中道義。第三是「諸法空相」是由空以觀有，在自性中是平等一如，沒有現象界所顯現的那些有體有質有量的差別對待的相。所以掃除衆生的分別觀念。第四是此處所說的「空中無色，無受想行識。……」至「無智亦無得」一段。這是由空以觀空，說明空也無自性，是更深一層的觀察。比如眼前所見到的衆生，在顯微鏡底下，只是一羣複雜份子的集合體；再經科學的分析，只是能量活動所集結的形式的一種。能是無形無色不可捉摸的東西，無法分別其爲物質，抑爲精神。只有一個空字可以代表。在這種眞空狀態之下，不僅五蘊都是不存在的，乃至十八界、十二緣起、四聖諦，及觀照的智慧，與所證得的果，一概予以否定。這是澈底唯空的空，是怕人執着有一個空的自性。除了以上總原則及五蘊的解釋，在前面已經說明外，以下再從六根起，分別說明。

無眼耳鼻舌身意，無色聲香味觸法

眼耳鼻舌身意，是衆生的六根；色聲香味觸法，是外界的六塵。六根和六塵，共稱十二處。處是生長義，因根塵和合就可以發識。換言之：卽是精神的活動，是由根塵所生起的作用。六根當中的前五根，是指管理視、聽、嗅、嘗、觸的五種神經而言。佛家稱爲淨色根。至於頭面上的眼、耳、鼻、舌和整個身體，都是感覺器官，佛家稱爲扶塵根。意根是指神經中樞而言，並無可見的扶塵根。六塵中的前五塵，是指一切可以觸對的現象而言，即色、聲、香、味、觸五種。第六種是法塵，即意根所緣的各種境界，佛家稱爲「前五塵落謝的影子。」是指感官所接觸的事物在意識中的重現而言。六根是能取，六塵是所取，衆生對外界的認識活動，必定要有所取能取的合作，才能生起意識的活動。十二處中任何一處，不能單獨生起識來。也就是都無獨立的自性。所以用個無字一律予以否定。

無眼界，乃至無意識界

此爲十八界。「乃至」是節略詞。詳稱應爲眼界……意界，(六根)色界……法界，(六塵)眼識界……意識界。(六識)共十八界。界是界限義，各有不同的作用，不能混淆。如眼以色塵爲界，只能緣色，不能緣聲、香、味、觸；餘可類推。十八界中的前十二界，即前面講的十二處。由六根對六塵所生起的認識作用，即六識界。由能取的六根，對所取的六塵，及根塵和合所發的六識，總成十八界。簡單地說：便是根、境、識三者和合，構成認識關係。如果外忘六塵，內忘六根，中忘六識，即是三輪體空，一切都無。首楞嚴經云：「根塵無依，識性元空。」也是說明此理。意識本不直接緣外境，只是一種綜合的整理認識資料。從他的認識說有五種，即眼、耳、鼻、舌、身。從構成認識的主要條件說有三種，即根、境、識。根如採訪員，在外面搜集情報；識如編輯，整理採訪員的資料，使成爲一個有系統的紀錄。唯物論者以吾人的認識活動，是外境印在神經上的作用。卽但有根、境而無識的獨特地位。心理學家認爲是由物理影響心理的反射作用。依佛家的理論：根緣塵以起識，是三合生觸，雖相依而成爲認識活動；但在幻相上，各有不同的特性。物理生理，固然可以影響心理，而心理也可以影響物理生理。如內心恐懼，臉色發白；內心慚愧，臉色發紅，都是心理影響生理。又如內心悲慟，流出淚水；心念酸梅，流出口水。便是心理影響物理。意識問題，在佛學中所佔的份量很重，且具有高深的哲理。一部唯識學，專談此一問題。此處只能作一個簡介。

意識生起的種類，分爲四種：㈠爲五俱意識：是五根接觸外境時與五根俱起的意識。五根只能感覺外境，不能分別其爲何物。有了同時參如活動的意識，才能分別外境的實際情況。㈡是獨散意識：又稱獨頭意識。獨散意識是孤起的，不需要有外境的助緣。但獨散意思所攀緣的事物，依然是生活經驗中的印象。㈢是夢位意識：卽夢中所顯現的事物，完全是一種幻象；且係顯現在深層意識中的，不是表層意識所緣的事物。但幻象依然是生活經驗中的一些零星事物所拼合的，由表層意識進入深層意識中。在表層意識停止活動時，才能顯出深層意識的活動。但是假如表層意識對一切事物不起分別心，印象不深刻的事物，就不會收藏在深層意識中。所以莊子說：「至人無夢。」一個修行有得的人，他能控制夢中的意識活動。㈣是定位意識：也是一種深層意識的活動，完全是定中所感的殊勝境象。普通人無此經驗。

意識生起的程序：㈠是率爾心：是猝然遭遇外境的刺激，意識便很本能地生起一種感覺作用。這種作用，是事前毫無準備，只是一種猝然生起的意識。所以稱之爲率爾心。㈡是尋求心：即是就遭遇到的外境，加以分別，作深入的了解。「尋求通多念，」即是說此種心理活動，比較複雜。包括推理、分析、綜合種種思惟。屬於表象作用。㈢決定心：是對外境事物的一種決定性的判斷，也是屬於思惟階段。不過是最後的思惟。㈣是染淨心：是對外境事物所生起的一種反應活動。即是意志的活動的階段。爲善爲惡，在此一念。所以稱爲染淨心。㈤是等流心：等是不變義，流是不斷義。等流心即是同樣的心理，留在意識中相續不斷。這是第八識的功能。等於一件案子處理完了，他的資料，仍收藏在檔案室內。有人認爲第六識也有相續的作用。但第六識既是生滅心，他是剎那遷流不定。換言之：是不斷的在變更的。所以不是等流心。雖是有時繼續做同樣的事，乃是受第八識的支配作用。

哲學家把心理活動，分爲知、情、意三大類。認爲由知識發展而爲科學；由情感發展而爲詩歌美術；由意志發展而爲哲學、宗教。但此種說法，不免牽強。如岳武穆的滿江紅；文天祥的正氣歌，都是詩歌。是由情感所發展的，能說不是意志嗎？烈士殉國；烈女殉夫，都是意志所發展的，能說不是情感嗎？所以此種機械式的分類，不盡恰當。佛家把心識分爲三大類：即心、意、識。集起名心：指綜合作用而言，屬於第八識。它儲藏過去和現在的一切經驗，是心識的總庫。思量名意：指一切分別作用而言。屬於第六識；不過也兼有第七識的成份。了別名識：指前五識及第六識中的五俱意識和獨散意識而言。它所擔當的任務完全屬於認識範圍。大智度論將心識分爲念念生滅心，是指第六識而言；次第相續心，是指七八兩識而言。總之心識的體相，都不是單純的，是各種關係的集合體。無論如何分類，總離不了複雜綜合作用。推之五蘊十八界，都是如此。所以由這些複雜條件所綜合而成的一個我，並無實體，只是各種關係的一個總相。比如集衆樹以成林，集衆人而成國。林和國只是一個總相。離開樹就無林的總相；離開人就無國的總相。我也是總相的一種，離開五蘊或十八界，也找不出一個我的實體來。

藏識：小乘佛法，只有六識；大乘分爲八識；後來性宗又分爲九識。數字的多寡，是隨作用不同而分別的，其實識只是一個。在六識中仍含有七八九識的功能在內。現在爲便於說明起見，仍將七八九各識，從第六識中劃分出來。這一部份的識，統名藏識，又名阿賴耶識。即心理學家所稱的潛意識。潛字和藏字本同一意義。他的作用有三種：一是第七識，就是執我的心識。二是第八識：他的作用最多，受薰持種，輪廻六道，和變現宇宙萬有，都是以他爲主體。所以又稱所知依。三是第九識：他是含藏原始覺性的。又稱清淨識，以別於第八識的染分依他。現在所要談的便是第八識。

因果：第八識是種子識，因果關係，由他所產生。所以研究第八識，應先研究因果問題。因果二字，是一個簡稱。全稱是因、緣、果、報。比如種子是因；水土、日光、空氣、人工是緣；種瓜得瓜，種豆得豆是果。前世種因，今生得果便是報。因果律是不能逃避的。釋迦牟尼佛過去生中曾擊魚頭，成佛以後，還是要感受頭痛的果報。以前百丈禪師說法時，經常有一老人聽法。有一次百丈禪師詢問老人的來歷。老人自稱是後山野狐。前世爲一僧人，在說法時有人問他：成佛以後是否還落因果。他答以不落因果。因此遂墮野狐身。請百丈禪師代下轉語。百丈答了一句不昧因果。老人省悟，大喜稱謝。請百丈收埋其屍。翌日百丈命人在後山尋得狐屍一具，爲之埋葬。可見因果律是不能逃避，成佛也不例外。但是佛家的因果律，不同於西方哲學中的機械論。機械論認爲原因與結果，是盲目與必然的聯結。非自由意志所能變更。卽有是因，亦有是果。佛家在因果中尙有緣的關係，具有極大的影響力。比如種子雖能生果，假如沒有水土、日光、空氣、人工等助緣，還是不能生果。遇有意外的逆緣，如水、旱、蟲害等，也不易生。雖生也不正常。所以同樣的種子，所生的果，不盡相同。就是由於緣的差異。衆生的因，是過去生中所種的，無法改變。但緣是今生結的，是可以改變的。過去雖種惡因，今生能結善緣，可以沖淡惡因的成份。加強善因的成份。所以說：「不怕因惡，祇愁緣逆。」明儒袁了凡先生與雲谷禪師爲方外友。有一次了凡先生走訪雲谷禪師。雲谷禪師正在打坐。了凡先生沒有驚動他，也在對面坐了下來。經過很久的時間，才彼此交談。雲谷禪師對了凡先生的久坐表示驚異。了凡先生自稱在少年時有一位星相家替他推算生平命運，說他壽緣甚短。以後證明所推算的命運，一一都很準確。人生既是一切皆由命定，強求無益。故聽任自然。所以心如止水。雲谷禪師語之云：「安命乃中人以下的行持，子讀聖賢書，應當立命。定業雖難改變，苟有大善，也能延年。」了凡先生從此規定功過格，善與不善的行爲，都有記載。每日檢點，惟恐功少過多。行之旣久，漸覺相士之言，已不準確，過期也未死亡。此卽結善緣以破惡因的事例，可見緣的重要。因緣果報，完全是自作自受，他人不能代替，也不能管理。在無限的時間和空間以內，將無盡的衆生一切行爲，一一都記載下來，審理執行，此種艱巨繁瑣的工作，需要多大的人力來辦理？這是一個不可想象的問題。假如是一個人就有此能力，他便是萬能。旣是萬能，便能使得每個人都做好人好事，何必等待末日的審判。所以說神的懲罰，完全是無稽之談。

因果律是一個習氣的活動問題，也是一個力學的問題。我們的軀殼，是能量的結合體。能量是不斷地在活動。意識的活動，有腦電波的發散，也是能量的活動。所以我們身心的活動，便是能的活動，也可以稱爲動能。動能有永恒的不滅性，和普遍的互動性。沒有間斷的和孤起的。佛家稱爲無盡緣起。（另詳）每一份子的活動，都和其他份子是相應的。俗語說：「江南打噴嚏，江北雨濛濛。」就是一種互動作用。因江北的雨要下未下，還差一點動力。恰好江南的人打一個噴嚏，震動了江北的空氣，把雨震了下來。這就是俗語說的四兩撥千斤。舉此一例，可概其餘。衆生一切行動，都有歷史的因素和環境的因素，在時空當中，無限的擴大。比如我喝這一杯水，直接和這杯水有關係的人，當然是倒水的人和燒水的人，間接和這杯水有關的人就多了。水廠的人、電廠的人、鐵工廠的人、玻璃廠的人，乃至和這些廠有關係以及和這人生活有關係的人，都和這杯水發生關係。由此可以推廣到全世界的人，都和這杯水發生關係。廣大的宇宙就是一個動力場，宇宙間無脫離互動關係的事物。一切都在動力的支配下進行。吾人身心活動的動力，入動力場以後，可以影響他人，也可以影響自已。加以自已動力所養成的習氣，對自已動力的反應，特別敏感。這是一種往復的互動作用。比如一個鋼絲彈簧被你壓下去了，他的彈力依然存在。一旦壓力減低，他可以儘量地彈回來。這便是因果循環的道理。有人懷疑既有果報，何以不在行爲的當時，而要等待來世呢？以前有一個兒童被雷電擊斃了。有一個路過的文人在橋上題了一首打油詩：「小小兒童有何寃，一雷打死在橋邊，人人都說前生罪，難道前生沒有天？」此種心理，非常普遍。其實隔世果報，也是一個力學問題。因動力的到達，並不是動力發動的當時。我們身心的活動，須受整個力場的限制。不能同時生效。如以手投石，手停止了，石頭還在飛。又如以杖擊輪，杖停止了，輪還在轉。因果的關係，也是如此。先有動力作因，動作停止了，力還未到。所以果的成熟，並非播種的當時。因此稱爲異熟果。便是指的異時而熟。還有一種異類而熟，是指能力的轉變而言。如由火的動力變爲蒸汽的動力；由蒸汽的動力，變成車船的動力之類。動力在時間上有遲速的不同。在空間上有形式的不同。但自因自果，自力自受，是必然之理。「欲知前世因，今生受者是；欲知來世果，今生作者是。」因果是不爽分毫的。這是佛家的基本觀念。

習氣的養成：習氣便是業習，業是指活動而言。比如在求學時的活動，就叫學業；在職務上的活動，就叫職業。業習是活動的習慣，也是由身、口、意的活動所刻劃的一種性格，也就是衆生的習氣。習氣是一種活動的餘勢，可以引起另一種活動，所以稱爲業力。身業包括殺、盜、淫三種；口業包括惡語、妄語、兩舌、綺語四種；意業包括貪、嗔、痴三種。在家居士只禁夫妻以外的邪淫。綺語應該是指不正的語言；至於無傷大雅的幽默，不能算是綺語。習氣不僅是人類才有；各類衆生，都有不同的習氣。乃至無機物也有習氣。比如衣箱中的香料取出以後，還有香氣存在。宜興茶壺用久了，白開水冲下去，依然有茶的色、香、味。一人有一人的生活習慣，一家有一家的生活習慣，由此推廣到一個學校，一個機關，一個團體，一個地區，一個國家，都有各別的風氣和習俗。這些風氣和習俗，最初由少數人的作風，引起多數人的仿效，便成了習俗。假如違反了習俗，便不爲多數人所量解。荀子說：「約定俗成謂之宜，異於俗則不宜。」抗戰時期，女子穿的旗袍，長到脚背。當時的衣服，是越長越好；現在的迷你裝是越短越好。是非好壞，並無一個客觀的固定標準。只要是習俗所尙，便都是好的。此種心理，完全受習氣的支配。不僅是民間的習俗受習氣的支配；一個國家的政令法律，也都是由習氣所形成的。習氣的影響力，深入人心，牢不可破。各人的生活經驗不同，所以養成的習氣也不相同。又因習氣不同，而有不同的生活方式。這些生活方式留在潛意識中，便成習氣。也就是吾人的性格。此種性格，成爲吾人活動的主力。所以王船山說：「習氣所成，卽爲造化。」此說深合佛理。佛說：「聖賢能斷煩惱，不能斷習。」孔子四十而不惑，是已斷煩惱；但是到了七十歲才能從心所欲不逾矩。才算斷習。已經用了三十年的修養功夫，可見斷習之難。又如難陀尊者過去生中好淫，證阿羅漢果以後，已斷淫欲。但入座必先觀女衆，是習氣未斷。習氣的養成不是偶然，所以斷亦不易。心理學家把習氣的活動，稱條件反應。比如每次以肉飼犬時先敲鐘，以後此犬一聞鐘聲，口便垂涎。鐘聲是垂涎的條件，垂涎是鐘聲的反應。應用此種原理，可以變更人類的條件反應。比如在燒水時把手放在水中，當水溫達四十三度時，血管擴張，便起溫覺；水溫達六十三度時，血管收縮，便起痛覺。假定每次在水溫達四十三度時聞鐘聲，水溫達六十三度時聞鈴聲。經數十次的練習，以後一聞鐘聲，即起溫覺；一聞鈴聲，即起痛覺。這是正常的條件反應。假如有人暗中把鐘聲改爲鈴聲，鈴聲改爲鐘聲，水的溫度，並未改變。但此人聞鐘聲時雖是六十三度的水，仍起溫覺；聞鈴聲時雖是四十三度的水，仍起痛覺。這是一種反常的條件反應。由此可以證明習氣的影響力甚大，而且不易改變。

種現相熏：衆生的業習，是由第八識所收藏，所以第八識稱爲藏識，又稱爲種子識。衆生由於不明一切事物緣生無性的眞理，（惑）養成許多貪、嗔、痴（妄見）的惡習，損人利己，（業）因此招感苦的果報。起惑、造業、招果三者相續不斷。在招果的期間，又復起惑造業。惑、業、苦循環不已，使衆生在生死中流轉，不得解脫。完全是受種子識的控制。他是意識的主動力，也是行爲的領導者。當我們處理眼前事物時，往往不能用客觀的理智，在潛意識中有一種衝動的力量，使吾人的行動偏向某一方面。這種力量，就是我們過去生中所養成的業習。也就是種子熏習現行。但是理解力較強的人，也可以用理智控制情感，過去生中，雖是造成許多惡因，不斷地在每件事物上刺激我們的感情。我們依然可以在源頭上截斷衆流，另結善緣，改變種子識的習氣。這便是現行熏種子。等於機關處理公文，必須參考舊案。但是處理新案，也可以改變舊案的辦法。種子與現行的互爲影響，也是如此。西哲亞里士多德認爲行動影響性格，等於現行熏種子的說法；叔本華認爲是性格影響行動，等於種子熏現行的說法。兩說都有道理。但也都不澈底，有所偏執。佛家兼採兩說，是比較合理的。有了種熏現的說法，可以使人人能夠安命，不必怨天尤人；有了現熏種的說法，可以使人人能夠立命，不致因循墮落。所以種現相熏，是合理的主張。爲了淨化衆生的習氣，尤其應注重現行。「我欲仁，斯仁至矣。」只在衆生有無決心耳。

四分：四分是唯識學中最難理解的問題，同時又是唯識學說的精義所在，不能忽略了他。㈠是相分：指感覺中的事象而言，屬於客觀性的所取。㈡見分：指感覺作用而言，屬於主觀性的能取。㈢是自證分：是見分相分的本體，卽種子識。在此處稱爲所知依最爲恰當。㈣是證自證分：指感覺的秉賦而言。卽首楞嚴經所稱的見性；是最原始的覺性。一切能量、所量、乃至量果，都由此展開。四分本屬一體，因爲向外探索，便有了主客之分。等於對鏡而立，自己的影像，到了鏡中，由主體變成客體。假如周圍都有鏡子，一個我便變成多數的我。而在感覺上除了站在鏡子前面的我以外，對其餘一切影像，都視爲客體。並無我的感覺。四分的解釋甚多，有的以相分喻貨物，見分喻店員，自證分喻店東，證自證分喻店東夫人。此喻就一體之義而言，稍嫌牽強。另有一喻：是以相分喻自己的身軀；見分如以手量身軀，眼喻自證分，以大腦喻證自證分。因手而知身軀之長度，因眼而知手量之位置，因大腦而能運用手眼。此喻四分一體之義，甚為恰當。四分僅是一種認識程序。先德用能量、所量、量果三量，展轉說明四分的作用，愈解愈迷，使人無法理解。本人把四分當作認識程序，可能不切合先德的原意。只是姑且作此假定。

四分中有一個最難理解的問題，也是唯識學說中的一個最重要的問題。那就是四分中的相分。包涵大地山河以及森羅萬象，都由吾人識心中所變現。這是一個不可思議的問題：㈠大腦徑寸之地，何以能容納廣漠無際的宇宙？使人無法以常理推測。根據佛家的說法：心量是無遠弗屆，也是無微不入。儒家所說的「放之則彌六合，卷之則退藏於密。」也是指心量而言。以前有一個僧人答此問題時，令問者閉眼，默造一座城垣；又令默造一根毫毛。迨其開目時，問曰：當你造一座城垣時，是否只用自己的一個心，還是借用多人的心來幫助？答云：「只是用自己的一個心。」又問：當你造一根毫毛時，是否只用一部份的心？還是用的整個的心？答云：「還是用的整個的心。」是在造城垣時，不覺心量之不足；造毫毛時，不覺心量之有餘。由此說明心量是可大可小的。又李渤曾問一法師云：「心包萬物，莫妄語否？」法師反問云：「人言使君讀萬卷書，是否？」渤曰：「然」。法師又曰：「使君自頭至脚，不過椰子大，萬卷書向何處着？」渤俯首有省。這些都是說明心量的可大可小，舒卷自如，並無定型。㈡物理世界，既由吾人識心所變現，則吾人死後即不能變現。豈非客觀世界，亦隨之消滅？解答此一問題，佛家有正報依報的說法。依報是衆生的共業所招感；正報是個人的別業所招感。自身為正報；自身以外；都是依報。是宇宙萬象，爲衆生所共同變現者。等於一室千燈共明，雖一燈毀滅，不能減少光明。由正報所招感的身軀，等於一種電具。旣經損毀，不能再通電流。衆生與萬有的關係，此喻可以說明。㈢他人所變，何以與吾人之所變，能有一致之環境與行動？馮友蘭在他所著的中國哲學史中卽有此懷疑。衆生的異熟識本屬妄見，妄見也有同分與別業之分。同分妄見，（共相識）彼此所感相同；別業妄見，所感各別。卽在同一環境之中，各人的感覺，亦不盡同。便是別業妄見之故。卽同屬一人，先後所遭之同一環境，亦有不同之感覺。實不足異。

功能：假如要推究識心何以能變現萬有，應從功能上研究，才能澈底。唯識家認爲吾人識心中具有無量功能。功能有大勢力，能變現萬有。其所指的功能，卽是現在物理學上的能。不過當時命名，在能字上多加了一個功字。實際上二者確是一物，並無不同之處。從兩種作用上加以比較，可以知功能具有與能相同的體性。能有散逸性、不滅性、變化性三種。我們再看功能的體性：⑴刹那滅：謂功能生起時隨卽消失；⑵果具有：謂種生現，因果同時，相依具有；⑶恒隨轉：謂其先後相續也；⑷決定性：就其因果法則言，有善惡的分別；⑸待衆緣：法不孤起，緣亦無定性；⑹引自果：色心各生自果，物以類聚，因果不亂。刹那滅相當於能之散逸性；恒隨轉相當於能之不滅性；決定性相當於能之變化性。其餘各種，相當於前面所講的互動作用，也是能所具有的體性。宇宙最後的實在，截至現在止，只有能量，而無質量。除能以外，亦別無第一因。

孫中山先生主張人物同一生元。佛家的大覺，也是包涵一切的心物一元論。換言之：便是心物同一基本原料。此種原料，卽物理學家的能，唯識家的功能。當然有人懷疑能量只能變成物質，不能變爲精神。我們應該了解生物也是由各種物質化合而成。核子中便含有生命的質點。如果將甲烷、氨、氫和水放在閃電下，可以產生四種氨基酸。足證無機物可以變成有機物。因能量的體性，是可以轉變成各種不同的能力。卽佛家所謂空無自性。比如機械能、幅射能、化學能、電磁能都可以互相轉變。精神和物質，當然也不例外。來布尼玆以宇宙是精神的集合；叔本華認爲是意志的活動；　孫中山先生認爲生元有知覺靈明；易經說乾知大始，卽是說宇宙是以知性爲基礎。以上舉例，和楞嚴經所說的空生大覺中，是同一看法。物理世界，是由衆生共業所招感，也就是由衆生的心電所顯現的。由思想照像的事例，足以證明衆生的腦神經是可以變現萬有的。同時衆生的一切活動，也受到此種力場的操縱，而不得自主。各個衆生同一心源，在覺海之中，無孤立的個體。各個衆生，等於各種電器，覺性等於電流。電器的形式和作用雖是不同；(別業)但電流是同一來源。電器的毀滅和改變，只是各電器外形的變化，並不影響整個電流。大腦由收受儲藏及發動反應的神經細胞有一百四十億大腦皮質的神經元有一百億，所以能收藏複雜的經驗。但大腦和五根，只是收受外界事物的一種受容器，並非心識的主體。心識中只是一團具有習氣的能力。習氣輕的與其能力容易合流；習氣重的，不免拘限於小環境內不易脫離。但其變現萬有的功能，並不因之減退。物理學上的能力不滅，是可以應用在功能上的。另有康德的圖型論，也可以作識心變現萬有的參考。康德把想像分爲兩種：一種是想像的重造，是想像能力的經驗使用，稱爲意象。一種是想像能力的創生，是想像能力的純粹使用，稱爲圖型。圖型是理知與感覺的合一，即範疇內在地影響感性能力所通過的時間條件。意象相當於唯識現，圖型相當於唯識變。不過此種推測，還是不如功能說的接近科學。

第九識：又稱如來藏識。在阿賴耶識中本身有染分依他和淨分依他兩種：染分依他，是生滅心所依止的；淸淨依他，是眞如心所依止的。一爲習心，一爲眞心。（熊十力語）即是起信論所分的生滅門和眞如門。儒家所說的人心道心。心性本來是平等一如，無善惡染淨之分，只因在多生以來，受生活經驗的熏習，遂有染淨之分。因爲有了染心，內在的思量，有是非之分；外在的行爲，有善惡之分。後世儒家，不免從識心上去找本性，就有了性善性惡和善惡混種種說法。但在孔子以前，並無這些說法。孔子所說的性近習遠，卽指本性相同而習染不同而言。佛家把心性的變化，分爲三個階段：卽本覺、不覺、始覺。本覺是指衆生本具的佛性。這個佛性，在聖不增，在凡不減。所以說「心佛衆生，三無差別。」卽指本覺而言。不覺是因爲衆生無明妄動，向外探索，遂有能所之分。多生以來，受生活經驗的熏習而迷失本性。始覺是迷中的衆生，因內受本覺的熏習，又開始覺悟，由修證而回復本覺。中庸所說明的「自誠明，謂之性。」就是指本有的眞如（誠）覺性（明）而言。「自明（般若）誠，謂之敎。」就是指始覺而言。又「誠則明矣，明則誠矣。」也同一意義。唯識家的五法三自性，把心性的變化，分得很淸楚。

五法：是相、名、分別、正智、如如五種。相是指客觀事物而言，卽是衆生在感性上所接觸的一切事物。名是對一切事物所留下的印象和加上的符號，使人們聽到或見到事物的名稱，就能顧名思義，知道他的屬性。分別是一種表象、推理和判斷。計分三種：(1)自性分別：對事物的客觀認識，如眼辨色、耳辨聲之類，屬於現量。（實證）(2)計度分別：對事物的主觀觀念，如善惡是非之類，屬於非量。（虛妄）(3)隨念分別：推想事物的經歷，如見烟而聯想到火，見到桌子而聯想到木料之類。屬於比量。（推知）有時含有我執成份，便屬非量。總之分別心不離我法兩執，完全是染分依他。（另詳三性三無性）正智是正確的認識。有了正智，就能依教起修，屬於始覺的範圍。本經不承認智的地位，有智即有能所，不是最高境界。如如才是法性理體，不二與平等，便是如的意義。一切諸法都是如，故名如如。這是證得本覺以後的境界。

三自性：楞伽經從萬象的肯定方面分爲三性；又從萬象的否定方面分爲三無性。

三性	三無性
分別性（蛇）	相無性
依他性（繩）	生無性
眞實性（蔴）	勝義無自性

此處所列的分別性，較五法中的分別性含義稍廣。五法中的分別，不包括相、名兩種。此處的分別，包括感官的錯覺及主觀的虛妄分別。屬於感性的範圍。感性中的事物，都不正確。在經論中說得很多。西方哲人，也多有此種說法。在三性中把他比作誤繩爲蛇，這完全是就錯覺

言。錯覺是人人都不能免的。但不是每事相同。錯覺當中：有的由於感官的故障，有的由於感情的偏差。比如說：同樣的物體，遠見則小，近見則大。這是由於視力的故障。又如同樣的事物，張某認爲是，李某認爲非，這是由於感情的偏差。也就是虛妄的分別。二是依他性：指緣生而言。一切世法，都是假有，並無實體，倚仗衆緣而成，非自力能生，故稱依他。如繩之構成條件是蔴，吾人稱之爲繩，而不知其爲蔴。但較之認繩作蛇者，又勝一籌。三是圓成實性：指眞實的體性而言。因其圓融成就，眞實不虛，故稱圓成實性。比如見繩而知其爲蔴，這是從性體上的認識，斷絕一切虛妄的分別心。三性中的分別性是情有理無；依他性是理有情無。只圓成實性，是超經驗的有。以上所談的三性，是從萬象的肯定的一面來談。如果從萬象的否定方面來談，三性便變成三無性。萬象都是幻有不實，生滅不已，並無永久不變的自性，所以稱相無性。推尋萬象生起的因緣，是互爲依倚，無獨特的自性。所以稱生無性。萬象有生滅的一面，也有眞如的一面。但眞如是離相眞空，所以說勝義無自性。三性三無性，可以說是一種歸納的認識論。從哲學的觀點來認識：有感性、悟性、理性三種。也相當於楞伽經的三性。感性中的事物，是無一正確的。因爲衆生的五根，旣不正確，又不夠用。如前所說的同一物體，近見則大，遠見則小。聲音也是遠聞則小，近聞則大。其餘鼻、舌、身三根，也不能超過一定的距離和透過一切的障礙。假如五根的自身發生毛病，感覺上更易發生偏差或受到障礙。如眼的老花和近視，便是一例。所以赫拉克里特說：「感性中的知識無眞理。」巴美尼底斯認爲「感官世界，並不存在，惟理性能知本源。」感性既不可靠，悟性是以感性的情報作分別的依據，當然也不可靠。因感性悟性，都是識心用事。識心是由熏習而來，雜有情見的成份，自不免於偏差。只有理性才是正智。所以唯識家主張轉識成智。轉前三識爲成所作智；因前三識的功用，只是搜集情報，無是非善惡之分。用之於善便是善，用之於惡便是惡。一切作爲，都須要前五識的成就。所以稱之爲成所作智。轉第六識爲妙觀察智：第六識的功用，是觀察一切事物的是非善惡。衆生對一切事物，因雜有我執成份，所以觀察失於正確。如果能轉變不正確的觀察爲妙觀察，才是正智。轉第七識爲平等性智：第七識的功用是執我，一有我執，便是本位主義，不得其平。必須去掉我執，才是平等性智。轉第八識爲大圓鏡智：第八識的功用是受熏持種，在生死中流轉不息。斷除我、法二執以後，可以不受業力的牽引，成爲大而無外，圓融無礙的大圓鏡智。到此境地，把吾人生活經驗中的識心，轉變成本來的清淨心。能所兩忘。無自他之分，可以成己成物。正儒家所說的「性之德也，合內外之道也。故時措之宜也。」

生理與心理：以上所講的都是有關心理活動的問題。唯識學者，對於此一問題，曾經展轉說明。但是都只是一種理論，很難得到事實的證明。因此之故，頗難得到一般人的深信。近代科學發達，對於人類大腦的組識，有了精密的分析：在人類的大腦中有三種皮質，也可以稱爲三種腦皮層。一種是新皮質，主管表層意識的活動；一種是舊皮質，主管深層意識的活動。舊皮質對新皮質有控制的作用；但在新皮質活動加強時，也能抑制舊皮質的活動。人類以外的動物，並無新皮質，所以只有本能的活動。嬰兒的新皮質是逐漸發達的，所以嬰兒的智能也是逐漸發達。此種生理作用，和佛家的心理學說，甚爲脗合。舊皮質是儲藏過去業習的，所以他能控制表層意識的活動。但是理智力強的人，可以用理智克服潛意識。也就是用表層意識控制舊皮質的活動。此卽種現相熏的作用。還有一種古皮質，生理學家沒有說明他的作用。經常都是古舊兩種皮質並稱。大腦皮質，既分三種，而新舊皮質，又是各有不同的用途。則古皮質當然也有不同的用途。如果根據佛家的分類，古皮質所保存的應該是人類的原始覺性。其分配如下表：

新皮質：前六識	表層意識
舊皮質：七八兩識	深層意識（阿賴耶識）
古皮質：第九識	原始覺性（如來藏識）

綜合以上各節所述，廣大的宇宙和一切生命的活動，都是精神的活動，不外物理、生理、心理三大類別。佛家所談的如此；哲學家與科學家所談的也不外如此。衆生一切生活環境，是以物理爲主體，與環境接觸的見聞覺知和語言行動，都是生理的。而主持生理活動的表層意識，則屬於心理的。這三種活動，統名精神活動。而其活動，是互相依倚，有其一必有其二，無其一亦無其二，均無獨特的自性。依根、緣塵、起識，十八界都是衆緣所成，畢竟空寂，所以本經概予否定。

無無明，亦無無明盡；乃至無老死，亦無老死盡

這一段經文，是談十二緣起的。緣起是指事物的起因而言。一切有爲法，皆待緣而起，亦稱緣生。緣起有四種：㈠是業感緣起：衆生由於起惑、造業、招果三者循環相續，而受盡了種種苦厄，不得自在。惑是心的妄見；業是身、口、意所留下的活動習慣；苦是生死的果報。以惑爲緣而造業；以業爲因而招感生死果報，所以稱爲業感緣起。比如貪、嗔、痴是惑，殺、盜、淫、妄是業，由業而受苦是果報。在受果報時，又起惑造業，更招感來世的果報。如是惑、業、苦三法展轉，互爲因果，如環無端。此便是業感緣起。㈡是賴耶緣起：惑、業、苦是以阿賴耶識爲生起之主體；無賴耶識，則惑、業、苦失所依據。因惑、業、苦皆由賴耶識所執持之種子生起現行；由現行又熏習賴耶識，成爲新熏種子，留作未來的現行。如是⑴本有種子，遇緣而起現行；⑵現行法，由本種所熏；⑶新熏種子，是由現行法所熏。三法展轉，以爲因果。㈢是如來藏緣起，亦稱眞如緣起。此是追索賴耶之起因。眞如平等一如，能隨緣不變。因不變故有眞如門；因隨緣故有生滅門，故眞如實爲染淨之所依，由染緣而現六道；由淨緣而出四聖。於此亦有三法：即⑴眞如之體；⑵生滅之相；⑶因緣之用。其生滅之果，即現行之賴耶識。㈣是法界緣起：賴耶由如來藏所生，如來藏體爲眞如，不能更有所生。萬法由如來藏所變造，是由萬法互相融通：一法起一切法；一切法起一法。卽前面因果問題中所講的互動作用。在時間上有過、現、未三世；在空間

上有上、下、前後、左、右六方；在事物上有色法、心法，彼此互爲因果，盡成一大緣起。故又稱無盡緣起。華嚴宗的十玄緣起，卽是說明一多相卽之理。我現在伸出兩手，共是十個指頭。但此十不是本來具有的。假如沒有一，也就沒有十。反過來講：一個指頭，也是十中之一；假如沒有十，也就無有一。所以擧一卽有十，十是積一而成的十；擧十卽有一，一是分十而成的一。如是一爲十之一，十爲一之十。一卽十，十卽一；一之外無十，十之外無一。此卽一多相卽，事事無礙的十玄緣起。本經所要講的，是十二緣起支。（如附圖）

先把緣起說明了，再談經文：第一個無字和前面的六個無字一樣，是否定的形容詞。「無明」是意識的本能活動，受過去業力的支配，不由自主的一種感情衝動。也就是接觸事物時所生起的第一個念頭。以前有某居士問一僧：「什麼是無明？」僧答云：「你不配談此問題。」某居士聞言，怒形於色。僧云：「此卽無明。」某居士聞言，又莞爾一笑。僧又云：「此亦無明。」「行」是意志的活動，具有造作性，就是由無明所造善惡諸業。

「識」是能認識的主觀要素，也就是業識，爲過去業力所驅使，作承受種種果報的主體。「名色」是指心識和形體。「名」是精神的部份。「色」是物質的部份。衆生以心識爲精神，此稱「名」而不稱「識」者，因識以了別爲義。在母胎中的識心不起現行，只存其名，故以「名」名識。「六入」是六根在母胎中的名、色，逐漸長養而成感覺的認識機關。「觸」是感覺作用，根塵和合而成觸。「受」是領納，對所觸的境生起苦樂的感覺。「愛」是貪愛，對所觸的境生起欲望。「取」是執着，對一切事物的追求和執持都是取。「有」是未來的業，一切依正兩報，如世界及個體之存在，都是業有。「生」是個體的生存。「老死」爲未來的果，老非人人所必經，故老死併爲一枝。十二緣起，是此有故彼有，此生故彼生。此種緣起的法則，是說明諸法是相依

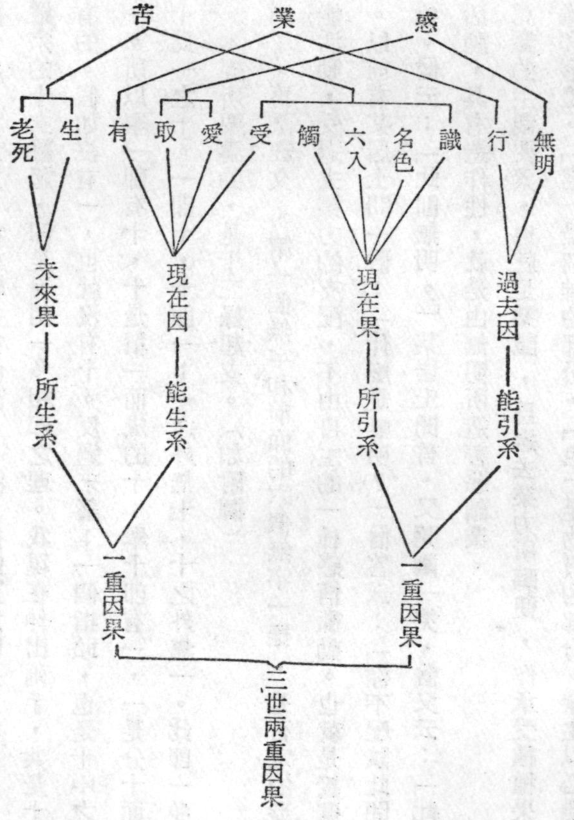

待而有的。以下再就十二支圖分別說明。

無明和行是過去的因。由有過去的因，所以招感現在的依正兩報，即識與名色與六入與觸四支，此爲所受的果。在受果的現行，又有受、愛、取、有四支，作未來的因。生和老死是未來的果。過去的因和現在的果，是一重因果。其中的因是牽引到現在果地的，所以稱爲「能引系。」果是被因所牽引的，所以稱爲「所引系。」未來的因和未來的果，又是一重因果。其中的因，是能生起未來果的，所以稱爲「能引系。」未來果是被未來因所生起的，所以稱爲「所生系。」兩種因果關係，合稱三世兩重因果。綜合言之：不外惑業苦三種。無明與愛、取三支屬於惑，愛與取都是受業力的牽引，與無明同一來源。行支與有支屬於業。凡有造作，一定有業；有業也必定是因有造作，故行支與有支相同。識與名、色與六入與觸與愛與生與老死，都是苦。凡苦皆是被動性的，受業力的支配。也可以說惑、業都是心理活動，苦是生理和物理的變更。衆生因起惑而造業，因造業而招苦。在受苦時又復起惑造業。惑、業、苦三者循環，無有止境；生死輪廻，流轉不息。中峰禪師云：「塵沙刼又塵沙刼，數盡塵沙刼未休。」思之令人悚然。

經文「無無明」至「亦無老死盡。」本止四句，其中「乃至」二字也是節略詞。「無無明」和「乃至無老死盡」兩句，是指緣起門而言。「亦無無明盡」和「亦無老死盡」兩句，是指還滅門而言。從十二支的緣起而言：即無明緣行、行緣識、識緣名色、名色緣六入、六入緣觸、觸緣受、受緣愛、愛緣取、取緣有、有緣生、生緣老死。簡單的講：便是以無明爲緣而起行，乃至以生爲緣而起老死。假如從老死開始，追溯根源：推求爲什麼而有老死？是由於有生，因生必有死故。再推求爲什麼有生？是因爲有業力作潛能。由此逐層推求，最後推到無明爲止。無明是不明我空、法空，一切執爲實有。於是才有意志的活動和愛、取等煩惱，隨伴以起。有了愛、取等煩惱爲因，必招感老、死等煩惱的果。不過這些煩惱的因素，是互爲依存，如束蘆然，並無實體。所以經文用一個無字來否定一切。十二支旣是可以消除的，消除的方法就是還滅門。卽本經所說的「無明盡」和「老死盡。」盡就是滅。還滅的順序，也是由無明滅開始，到老死滅爲止。緣起是此有故彼有；還滅是此無故彼無。有與無都是緣起性空。所以還滅門也是用一個無字來否定其實在性。

無苦集滅道

苦、集、滅、道是四諦，又稱四聖諦。諦是眞理，眞實不顚倒義。四諦便是四種眞理。惟有聖者能通達四種眞理，所以又稱四聖諦。苦諦的苦，就是前面所講的八苦、五苦、三苦、二苦種種分類。集諦的集，指業力的聚集而言。是苦的根源。滅諦的滅，是消滅一切煩惱的苦果，能得自在。道諦的道，便是各種修行的道品，包括三十七道品。佛家爲了度生的方便，把四諦分爲三轉。初轉是示相，卽說明四諦的屬性；次轉是勸修；三轉是作證。通常講三轉的第一轉爲：「此是苦，逼迫性；此是集，招感性；此是滅，可證性；此是道，可修性」。第二轉爲：「此是苦，汝應知：此是集，汝應斷；此是滅，汝應證；此是道，汝應修。」第三轉爲：「此是苦，我已知；此是集，我已斷；此是滅，我已證；此是道，我已修」。苦、集兩諦，是世間因果；滅道二諦，是出世間因果。都是先談果，後談因。由果溯因，是爲了說法的方便。因果不分染淨，都是衆緣所生。緣起卽無自性，所以四諦也是畢竟空，故予否定。

無智亦無得

就理言：智爲能觀之智，得爲所證之理。智是能得，得是所得。故智爲能，得爲所。能空諸法之智，與空智所得之理，二者俱不可得。就事言：於心無分別，則爲無智，是謂能空；於法無取捨，則爲無得，是謂所空。能空是內心空，亦卽無智之謂；所空是外境空，亦卽無得之謂。境智俱泯，能所兩忘，卽是畢竟空。這是菩薩的最高體驗。亦可就一般修道解釋：法空則無智，我空則無得。莊子謂：「道人不聞，至德不得。」不聞卽是無智，不得卽是無得。尊婆須密菩薩所集論謂：「第一義無智，無智是涅槃。」涅槃經云：「無所得者，則名爲慧，名大涅槃。」六祖云：「無一法可得，方能建立萬法。」又云：「無一物可知，是名眞知。」是無智無得，亦是最高法性。

以無所得故

此與上文的無得不同。上文的「無得」，是破法我執。本經由「是故空中無色」起，說明五蘊、十二處、十八界、十二緣起，都是性空，是破衆生的我執。「無苦、集、滅、道」，是破二乘人的法執。「無智亦無得」，是破菩薩的法執。五蘊、十二處、十八界，是就事說；十二緣起與四諦，是從事以顯理；智與得是就證果而言。此處的「無所得」，是總結上文「是故空中無色，……無智亦無得。」一段中所用的十二個「無」字，一概予以否定。照見一切法空，即離我法兩執而得解脫。這是般若的妙用。也就是本經的旨趣。

菩提薩埵，依般若波羅蜜多故，心無罣礙；無罣礙，故無有恐怖，遠離顛倒夢想，究竟涅槃

從菩提薩埵以下兩段經文，是說明觀空所證的果。先就菩薩言：能依智度的方法觀空，到了能夠知道一切空無所得的境地，以前由一切煩惱執着所生的罣礙，便一掃而空，既無罣礙，自然憂喜俱離，得失情盡。無有恐怖的心理，既無恐怖，自能遠離一切顛倒夢想。顛倒是由我法兩執所生起的一些不合理的觀念：無常計常；非樂計樂；無我計我；不淨計淨。有了這些顛倒的觀念，自然會生起夢幻不實的妄想，以求滿足慾望。菩薩證悟了空理，所以能遠離一切顛倒夢想，證得究竟涅槃的果位。涅槃是梵音的簡稱，全稱應爲般涅槃那。涅般言不、言無；槃那言生、言滅。合併解釋：便是不生、不滅；或無生、無滅。無生是永絕胎、卵、濕、化四生，無滅是量齊太虛的永恒。又因其不爲生滅之所爲，故稱無爲；因其體絕諸相，故稱無相；又稱寂滅；又稱滅度；又稱解脫；又稱無累。總之一切動亂紛擾的煩惱，到此都無。所以涅槃稱爲斷果，卽是斷除我法二執的煩惱障與所知障。涅槃有三德和四德之稱。三德之㈠是法身，因其圓極可軌之故；㈡是般若，因其有靜照之功；㈢是解脫，因有無累之德。四德之㈠是常，卽永恒不滅；㈡是樂，永除諸苦；㈢是我，與萬物爲一體；㈣是淨，永絕一切雜染。以上是解釋涅槃的意義和德用。

再談種類：涅槃有四種。㈠是自性涅槃，卽眞如自性，是佛與衆生所同具的，不過凡夫雖具而不證。就是有了顚倒夢想種種窒礙之故。㈡是無住涅槃，二乘人厭生死而常住涅槃。菩薩爲利樂衆生故不住涅槃。㈢是有餘依涅槃，卽雖證涅槃而尚餘苦果所依的有漏之身。㈣是無餘依涅槃，卽衆苦永寂，苦果所依之身亦無。菩薩能遠離顚倒夢想。一切動亂紛擾的煩惱，到此全無。

三世諸佛，依般若波羅蜜多故，得阿耨多羅三藐三菩提

此段專談佛果。世是指時間的遷流而言。三世是過去、現在與未來。阿是無，耨多羅是上；三藐是正等；三菩提是正覺。卽無上正等正覺。指對宇宙人生眞理有正確之覺悟者而言。外道也有覺悟眞理的，但不澈底，不澈底便不正確。聲聞、緣覺也有正覺，但只偏證我空，未證法空，不是普遍的正等。菩薩雖證得正等正覺，但不是最上的。菩提屬於智果，無上正等正覺的圓滿智

果，只有佛才能證得。但般若是智慧，菩提是覺，也是智慧，本非兩事。般若是觀照的智慧，用於修行的。菩提是覺行圓滿的智慧。般若相當於始覺；菩提是本覺與究竟覺。也是覺行圓滿的覺。上文說「以無所得故」，何以下文又有得菩提的說法呢？是無得而有得，豈非前後矛盾？因前面的得，是指一切有對待的事物而言。有對待就有分別；有分別就有我法二執。菩提是大圓鏡智，平等一如，絕對待差別之相。我法皆空。且爲衆生本具。只因爲一切顚倒夢想所障蔽，不能得證。障蔽一除，立卽顯現。故後面的得，是指復性而言。不是外來的事物，所以不能說是得。佛家稱之爲「背塵合覺」。孟子所謂「反身而誠」；易經所謂「復其見天地之心」；老子所說的「復命」；大學所謂「明明德」；中庸所謂「盡人之性，盡物之性」。都是指復性而言。孟子的反身便是反觀。誠便是眞如。卽能夠反觀，便證眞如。易經的天地之心，便是覺性。復便是回光反照。見天地之心，便是證得覺性。老子的復命，便是復性；中庸的盡性，便是證性。都是反聞聞自性之意。眞如本性，都是菩提，只有證與未證之分，無得與不得之分。菩提在人性中，等於劇中人物，在揭幕以前，人不得見；揭幕以後，才能顯現。般若遣相，便是一個揭幕的工作。所以金剛經云：「一切諸佛，皆從此經出。」卽指佛性藉般若而顯露，非謂般若能生菩提也。此須詳辨。所以說佛是已證菩提的衆生；衆生是未證菩提的佛。過去、現在的佛，指已證菩提的衆生而言。未來的佛，指未證菩提的衆生而言。稱三世諸佛，就已包括衆生在內。

故知般若波羅蜜多，是大神咒，是大明咒，是無上咒，是無等等咒，能除一切苦，真實不虛

此一段是讚嘆般若功德的。印度教徒，常持誦密咒。藉密咒中的神名和密令的力量，解決一切困難問題。持咒等於是一種祈禱。不過我們對於持咒另有一種看法：學佛的目的，是在掃除一切分別心。尤其般若是以遣相爲宗旨。誦經與聽經可以幫助吾人遣相；但在解釋經義時，仍是分別心用事。以楔出楔以後，還有一個最後的楔，也得要去。持咒卽無此弊。故本經於最後加幾句咒語，就是去掉最後的一個楔子。經文中讚嘆各種咒語的功德，而又集各種咒語功德以讚嘆般若的功德。大神是能降魔，喻讚般若有極大的力量；大明喻讚般若能斷一切愚癡。破一切黑暗；無上喻讚般若是一切法門中至高無比的效用；無等等喻讚般若威力廣大，非餘能及。能除一切苦：包括身心一切大苦小苦在內。這些苦都是虛妄不實的。到了眞實不虛的境界，一切苦也就自然消滅了。

故說般若波蜜多咒。即說咒曰：揭諦揭諦，波羅揭諦，波羅僧揭諦，菩提薩婆訶

咒語本應保密，只須持誦，不須求解，以減少分別心。不過本經的咒語，並非神名，似無保密的必要。而且就咒語意義而言，近似現時所流行的標語口號，帶有激勸的意義。解釋出來，與敎義一致。敎義既可講解，標語口號式的咒語，當然也可以講解。揭諦是去義，波羅是到彼岸義，僧是衆義，菩提是覺義，薩婆訶是速疾成就義。綜合的講：就是去呀！去呀！到彼岸去呀！大衆一齊去呀！正覺速疾成就呀！

總結本經是以觀自在爲修持的目標；以度一切苦厄爲全經總綱。一切苦厄，是由身心不自在所引起的。而身心是物質與精神的組合體。我們衆生，分別拿來當作自己的身心，執着不捨。而不知心物都是衆緣所結合而成，均無自性。一有執着之心，便如作繭自縛，追求物質與精神的滿足。而將本有的覺性蒙蔽住了。其實衆生本來是佛，並不是在自性以外，另有一個可求的佛性。只須把蒙蔽自性的一些染汚去掉了，便能還我清淨本性。乃至去染的心（智）和求淨的心（得），也一齊去掉。就永不再爲衆生。永除一切苦厄。而得以自在無礙。使自我與宇宙合爲一體。欲達到此種目的，必須先了解經義。並照着佛所指示的方法去做，才能契入圓滿的佛智。般若共有三種，本經一律具備。一種是文字般若：便是幫助我們了解佛陀所開示的眞理；即所謂開佛知見，和示佛知見。經文的作用即在此。一種是觀照般若：是照着佛陀指示的方法去實踐，以求證悟，卽所謂悟佛知見。經文從第一句起至無智亦無得一段文字，就是談的觀照功夫。一種是實相般若：是由觀照而契入佛智，卽所謂入佛知見。經文自以無所得故後面的一段文字，就是談的契入佛智的景象。全經僅二百六十字，而將三藏十二部的教義，含攝無遺。不僅是般若的心要，也是全部佛學的心要。

佛教唯心哲學與儒家思想（善導寺講稿）

一、唯心哲學的建立

任何哲學，其所探討的不外宇宙問題和生命問題。換言之：便是宇宙間各種現象是怎樣產生的？最後的歸宿又是怎樣的？人的身心，也和宇宙現象一樣，他的來踪去跡，又是怎樣的？這些問題，是從有人類以來，大家所關心的問題。因關心而懷疑，因懷疑而探討，其結論不外左列三種：

(1)唯神論：在茫昧時期，人類對自然界的各種現象，如雷、電、風、雲、水、火……等，處處感覺驚奇和恐怖。乃至一草一木，凡非人力所能創造的事物，都有神奇的感覺。因此遂認定在冥冥之中，一定有一個總主宰主持其事。如印度古代的梵天，便是一例。自科學發達以後，人力可以巧奪天工，人格化的造物主，已失去萬能的作用。人們對於他的信心，也漸漸失去了。

(2)唯物論：唯物家認爲宇宙的形成，是基於各種物質條件。古代哲學家對於造成宇宙的元素，有的說是水；有的說是火；有的說是氣；有的說是水、火、土、空氣四種。後來進一步的有機械論。如盧吉蒲認爲一切事態變化：一半由於各原子的自由降落活動，一半由於原子彼此互相推壓衝撞所生的變化。唯物家如黑格爾、霍布士等，都是傾向於機械論的思想。二十世紀的初期，一切生理、心理、社會學等，乃至心靈學等，都用物理學、化學的原理去解釋。近來機械論已發生動搖，因爲他不能適用於無限大的天體和無限小的極微。如水星的軌道運行，不能用牛頓力學的定力說明。核子的跳躍，不循一定的途轍。所以機械論已不攻自破。截至現在止，還有許多心理學家認爲心理的活動，是由於物理的反應作用。此種說法，並不盡然。因物理固然可以影響心理；心理也可以影響物理、生理。如內心慚愧，臉色發紅；內心恐懼，臉色發白。這是心理影響生理。內心悲傷，眼眶流淚；心念酸梅，口出涎水，便是心理影響物理。所以絕對的唯物論，是不可靠的。

(3)唯心論：在西洋哲學中主張唯心主義的甚多。其中具有代表性的人物：如來布尼玆認爲萬物的基本單位是精神的；克福立認爲宇宙全體，由心靈材料所構；費希奈說宇宙全體爲精神化；叔本華以意志爲最後唯一的實在。這些說法，都只說到必然，而沒有說到所以然。佛家主張三界唯心，萬法唯識。一切現象，都不離一心。華嚴經云：「世間所見法，但以心爲主」。摩訶止觀說：「心是一切法，法是一切心」。心包萬物，是大而無外的。孟子說：「萬物皆備於我」。陸象山說：「宇宙不在我心之外」。吾人介爾一心，何以能包羅萬象呢？此一問題，可以用唯識學裏面的見分、相分作解答。見分便是能夠認識一切現象的主體；相分便是被主體所認識的一切客觀現象。見分和相分，在衆生心中，本是混然一體而不可分的一種覺性。此覺性一發生顯現的作用，便產生主客之分。如照鏡然，把自我在鏡中的影像，當作自我以外的東西。康德把想像的活動，分爲意像和圖型兩種。意像是想像能力的經驗使用，亦稱重造。是一種生活經驗的回憶。佛家稱爲前五塵落謝的影子。圖型是想像能力的純粹使用，亦稱創生。是理知與感覺的合一。卽範疇內在地影響感性能力所產生的現象。康德稱爲先驗的圖型。意像相當於唯識現；圖型相當於唯識變。整個宇宙，都是相分的內容。華嚴經云：「心如工畫師，能畫諸世間，五蘊悉從生，無法而不造。」此卽宇宙之所由生。

二、心的體用

自然界在哲學上分爲本體界與現象界。佛家通常分爲理法界和事法界，或分爲性與相兩種。儒家稱爲形上與形下。本體界是超越現實的存在，是有形以外的，所以稱爲形上。現象界是感官所能觸對的，是有形的，所以稱爲形下。形上是靜的體，形下是動的用。「上天之載，無聲無臭」；「視之而不見，聽之而不聞」，都是就體言。「發育萬物」；「四時行焉，百物生焉」，都是就用言。自然界既有體用之分，主宰宇宙的心，自然也有體用之分。大乘起信論把一心分爲眞如門和生滅門兩種；儒家分爲道心人心兩種。道心微妙難知，所以說：「道心惟微」。卽指眞如門而言。人心多染欲，危而不安，所以說：「人心惟危」。即指生滅門而言。佛陀的本義是覺者，菩提的本義也是覺。覺便是指心體而言。心體上的覺性，是平等一如，無有差別。心的發用，便千變萬化，無有窮盡。以下就此點分別說明。

(1)無差別的覺性：覺性在本體上名爲眞如。眞是不妄，如是不變。不妄不變，即是儒家所說的至誠。眞如體上，一法不立，是絕對待而不可言說不可思議的。勝鬘經稱爲自性淸淨心，即無善惡是非之謂。王陽明說：「無善無惡心之體，有善有惡心之用。」因善惡是非，是由後天的分別心所引起的。所謂：「心生則種種法生，心滅則種種法滅」。（楞伽經語）在熟睡或昏沉時，心識的活動都停止了，一切現象界的事事物物，和感覺不發生關係。假如是一個有定力的人，在定中時也能夠停止心識的活動。所不同的是熟睡和昏沉中的人，是一切不知不覺；在定中的人，還能夠保持惺惺的覺照功用，只是對於一切境象不起分別心而已。此種境界，便是覺性的顯露。所以六祖說：「不思善，不思惡，便是本來面目」。中庸所說的：「喜怒哀樂之未發，謂之中」。也是指心體無善惡是非而言。因爲中是一種沒有偏差的平衡作用。在感情上的中，便是無善惡是非的景象。感情能夠得到平衡，便無窒礙恐怖，遠離顚倒夢想。一有善惡是非的分別，便有了喜怒哀樂的偏差。所以說有所忿懥、恐懼、好樂、憂患，均不得其正。但識心上雖有偏差，在性體上是無偏差的。易曰：「無思也，無爲也，寂然不動也」。便是指性體而言。

(2)覺性在空間的差別：遍虛空，滿法界，都是覺性的場所。「山河及大地，全露法王身」。

「翠竹黃花，無非般若」。一切有情無情，都是覺性所顯現。覺性在空間的顯現，有面的，也有點的。無在而無不在，所以稱爲如來，又稱如去。即是儒家所說的：「放之則彌六合，卷則退藏於密」。三身佛性，便是說明此理。第一是法身：是指法性而言。又稱自性身。法身是遍宇宙而無所不在的。衆生的覺性歸到覺海，（又稱性海或娑婆若海）便是混然一體，所以又稱爲大覺，以其無外也。首楞嚴經云：「空生大覺中，如海一漚發」。孟子所稱的「浩然之氣，塞乎天地」。中庸所說的「上下與天地同流」。都相當於法身遍宇宙之說。第二是報身：又稱爲受用身。分自受用和他受用兩種。所有圓滿功德，無漏智慧，清淨法樂，和三十二相，八十隨形好，以及五眼六通等，都是佛陀所具有的。所以稱爲自受用。所有淨土勝境和神通的顯現，是佛弟子所感召的，所以稱爲他受用。第三是化身：又稱應身。是佛陀爲了敎化各類衆生所顯現的各種化身。如有關弘揚佛法的人、物、文字、音聲，乃至各種自然現象，凡有助於對佛法的弘揚和起信的事事物物，都是化身。六祖認爲法身所以顯佛性，報身所以顯佛智，化身所以顯佛行。中庸有幾句話，用來解釋三身佛性，也非常恰當。「天命之謂性」，便是指法身而言。因天命是本來具有的意思，與自性的意義相合。「率性之謂道」，是指報身而言。因率性是契合自性的意思，所有立德、立言、立功，都是由自性所顯現。「修道之謂敎」，是指化身而言。因修道包括自覺與覺他各種修學與敎化方法。

(3)覺性在時間上的差別：覺性的變化，有四個階段：一是本覺：即衆生本來具有的覺性，在聖不憎，在凡不減。一闡提皆有佛性，人人都可成佛。所以說：「心佛衆生，三無差別」。二是不覺：衆生由於眞如不守自性，一念妄動，遂有不覺。（無明）等於在淸水中投下一片石頭，立刻變成濁水。易經云：「吉、凶、悔、吝生乎動」。覺性有了活動，便是生起無明的根本原因。首楞嚴經云：「知見立知，卽無明本」。衆生在覺性上起了認識的心，便有能認識的我，和被認識的我所。如是本來具有淸淨覺性，便被一個我字蒙蔽了。楊慈湖云：「人心自明，人心自靈，意起我立，必固礙塞，始喪其明，始失其靈」。這是根據釋迦牟尼佛所說的：「大地衆生，皆有如來智慧德相，只因妄想執着，不能證得」。加以解釋的。三是始覺：是由內在的本覺和外在敎法互相熏習，使不覺的衆生，開始有了覺心，發心修行，希望能夠回復本有的覺性。四是究竟覺：是始覺與本覺的合一。衆生借修行的方便，證悟佛果，仍回復到原有的覺性，便是究竟覺。中庸云：「自誠明，謂之性」。卽是說由誠所生的明，是性體上本具的明覺。此指本覺而言。「自明誠，謂之敎」。卽是說由明到誠，是復性的敎化作用，此指始覺與究竟覺而言。孟子的「誠者天之道也，思誠者人之道也」。也是同一意義。其次是佛家的覺字，本有三種含義：卽自覺、覺他、覺行圓滿。和大學的三綱領，完全相同。明明德的上一明字是一個動詞。下面的明德二字，根據朱熹的解釋：「是虛靈不昧，本具的人性」。這與覺字的意義，完全相同。因覺字是指空寂的心體而言，在佛典中也經常用明覺二字形容心體。所以大學的明明德，實際上便是指恢復覺性而言。易經的復卦說：「復其見天地之心乎」。也是指的復性而言。孟子所說的「反身而誠」；王陽明所說的「致良知」。都是明明德的功夫，也就是佛家所稱的自覺。三綱領的「在新民」，便是覺他。「在止於至善」，便是覺行圓滿，文義自明，不必多所徵引。由自覺到覺行圓滿，也是時間性的差別。

三、倫理觀念

⑴基本觀念：佛家的慈悲，儒家的忠恕，這幾個字的下面，都是從心。表示是一個心法問題。心安理得，是做人的基本條件，也是對人的基本觀念。再就字義解釋：慈是給人以快樂；悲是解除人的痛苦。佛家的無緣大慈，同體大悲，也便是把別人的快樂，視同自己的快樂；把別人的痛苦，視同自己的痛苦。孟子所說的：「樂以天下，憂以天下」。和范仲淹的：「先天下之憂而憂，後天下之樂而樂」。都是本乎這個觀念。盡已之謂忠，推已及人之謂恕。這是忠恕二字的一般解釋。大戴禮記謂：「知忠必知中，知中必知恕，知恕必知外」。是以中代表自心，以外代表他心。根據這些解釋，忠恕二字，含有自他一體的精神。慈悲和忠恕，實質上是一樣的。因爲在與人快樂和拔人痛苦的作法當中，便含有自他一體的忠恕；而在自他一體的作法當中，也不離予樂拔苦的慈悲。二者共同的基本觀念，便是純以利他爲目的。利他的先決條件是要無我，才能自我犧牲。釋迦牟尼佛入地獄以度衆生，便是一種自我犧牲的精神。儒家的殺身成仁，捨生取義，也是一種自我犧牲的精神。此種精神，是儒佛兩家在倫理上共同的基本觀念。

⑵道德觀念：東方人和西方人的道德觀念，有所不同：一是東方人重視義務。如爲父當慈，爲子當孝……之類，都是求之在我。不是用以責備對方的。西方人重視權利，如自己在團體中應享的權利，絕不放棄。講義務的處處禮讓，講權利的處處爭取。所以中國號稱禮讓爲國。但是進步較慢。二是東方人重視私德。私德重視個人的修養。西方人重視公德，公德重視公共秩序的遵守。中國人處處在求心安：如佛家的「諸惡莫作，衆善奉行。」還要能「自淨其意」，沒有望報和求名利的心理，才算無漏善。施捨必須不知施者、受者及所施物，名爲「三輪體空」。董仲舒的「正其誼不謀其利，明其道不計其功」，也是本諸心安的原則，不過份苛求形跡。聊齋所說的「有心爲善，雖善不賞；無心爲惡，雖惡不罰」。便是論心不論事。這是東方文化的精神所在。西方人對於私生活不甚注意，但是重視公德。對於不守公共秩序的人，大家都可干涉。東方人是「各人自掃門前雪，不管他人瓦上霜」。只要有少數人不講私德，整個社會秩序，都被破壞了。有人認應採用歐美重視公德的精神，我個人也認爲有此必要。但是重視私德的人，必然也重視公德。如果缺乏私德的修養，專講公德，還是不澈底。所以正本清源的辦法，是以淨化人心爲前提。如何能夠使人人都重視公德，這是須待我們努力的地方。

⑶愛的觀念：愛是倫理觀念的基本精神，愛的方法不同，而精神則一。一是恩愛：在廣大的人羣中，與自己經常接觸的人，一種是對自己有教養或扶助恩德的人；一種是需要自己教養或扶助的人。對這兩種人易生敬愛的心理，是基於報恩和責任感。儒家有君臣、父子、兄弟、夫妻、

朋友五倫。佛家所禮的六方：爲父母、師長、婦妻、親族、僮僕、沙門、婆羅門，也包括五倫在內。二是泛愛：佛家對人類一視同仁，只要有利於人、國城、妻子乃至生命，都可施捨。儒家的「已欲立而立人，已欲達而達人」，和「不獨親其親，不獨子其子」的大同思想，和佛家的泛愛精神是一致的。三是博愛：佛家的博愛，是以衆生爲對象，包括各類動物。五戒第一便是戒殺。儒家雖不戒殺，但「見其生，不忍見其死；聞其聲，不忍食其肉」，在心理上仍有不安之感，所以主張遠庖厨。初期的佛敎戒律，也只限於三淨肉，便是不見、不聞、不疑爲我殺者。後來又由三淨肉增加至五淨肉和九淨肉。佛陀認爲「食肉斷大悲種」，（涅槃經）九淨肉仍不澈底，且易生流弊，遂全部禁食。在護生的觀念上，儒家和佛家是一致的，只是演變的結果不同而已。

(4)人本觀念：儒家的思想，是純粹以人爲本位。認爲人是宇宙的主體，人居三才之一，可以贊天地之化育，可以與天地參。禮記禮運篇云：「故人者其天地之德，陰陽之交，鬼神之會，五行之秀氣也」。又曰：「故人者天地之心也，五行之端也」。尚書泰誓云：「惟人爲萬物之靈」。說文云：「人、天地之性質最貴者也」。可見人的地位重要，因此人的意見，有時可以代表神的意見。孟子曰：「天視自我民視，天聽自我民聽」。可見人神的意志是相通的。同時神便是人格的昇華。所謂「大而化之之謂聖，聖而不可知之謂神」。卽是說明神也是聖人的擴充。並非於人之外，另有一個神的存在。佛家認爲人是衆生之一，但是人的重要性，超過其餘各類衆生。涅槃經云：「人身難得如優曇花」，梵網經序曰：「一失人身，萬刦不復」。對人是何等的重視。因爲六道之中，有智慧的只有三種：一種是天人；（神仙）一種是介乎天人之間的阿修羅；一種是人。但在修行的方便上，人居第一位。因天人福報多，不重視修行，阿修羅瞋心太重，不能修行。只有人能夠知苦、斷集、證滅、修道。故認爲人身難得，佛法難聞。菩薩雖住天宮，但成佛時還須下生人間，始能證道。是捨凡入聖，必須透過人的階段，完成倫理的德行。人生好比一座升降機，可上可下，要想成佛作祖，須先把人做好；放下屠刀，立地成佛。不須借助神的力量。賜予永生。也不須離開現實世界，另求天堂。只要站在人的本位上努力，卽身便可成佛。這是佛家重視倫理道德的基本原因。和儒家的人本主義，恰正相合。

四、因果觀念

(1)習氣的活動：因果二字，是一種簡稱。全稱是因、緣、果、報。比如種子是因；水、土、日光、空氣、人工是緣；種瓜得瓜，種豆得豆，便是果報。有了種子，而沒有水、土、日光、空氣和人工，便生不出果來。所以緣是很重要的。「不怕因惡，只愁緣逆」，便是這個道理。行爲的果報，不是任何第三者在管理、登記、審判和執行。事實上也無此可能。對每一個空間，每一個時間，每一個人，每一件事，都按上述程序處理，這須要多少人力呀？假如是一個人有此萬能的神通，他便能使得每個人都做好人，何必等待末日的審判。所以神的懲罰，是迷信的說法，不足徵信。這是一個習氣的活動問題，也是一個力學問題。我們的軀殼，是能量的結合體，能量是不斷地在活動的。我們的軀殼有了活動，便是能量的活動。通常稱爲動能。動能有不滅的永恒性，而且有互動的普偏性。沒有間斷和孤起的。宇宙間每一份子的活動，都和其他份子的活動相應。我們做一件事，一定有歷史的(時間)因素和環境的(空間)因素。做完一件事，又成將來的因素。這許多的因素，在時、空當中，無限的擴大，可以影響到全人類。比如喝一口水，便和倒水的人、燒水的人、水廠、鐵廠、電力廠、磁廠的人，乃至和他們生活有關的人，都和這口水有關係。其影響的範圍，可以遍及全世界。宇宙間沒有脫離互動關係的事物。心識的活動，有電波的發散，也會產生動能，使別人受到互動的影響。最顯著的是骨肉間發生重大的事變，雖相隔千萬里，也能發生感應作用。感應便是一種互動。念佛念到一心不亂，可以見佛。孔子經常夢見周公，都是心電感應作用。足證我們身心活動所生的動力，都能夠發生互動的感應。來布尼兹認爲精神就是動力。廣大的宇宙，是一個動力場。一切事物，是在動量的分配上進行。我們的身心活動加入動力場以後，可以影響他人，也能影響自己。加以自己過去身心活動所養成的習氣，對自己身心動力的反應，特別敏感。因此便發生往復的互動作用而產生果報。有人懷疑旣有果報，何以不在行爲的當時，而必等待隔世呢？這也是一種力學問題：因身心的活動，須受力場的限制，不能同時生效。如以手投石，手停而石飛不停；以杖擊輪，杖停而輪轉不停。因果關係，也是如此。果的成熟，並非播種的當時。所以稱爲異熟果。卽動能往復的異時而熟，和能力轉變的異類而熟。(如由火力變成蒸汽力，由蒸汽力變成車船的動力，卽異類而熟。)「欲知前世因，今生受者是；欲知來世果，今生作者是」。因果是不爽分毫的。業力是生命和意志的原動力，我們的軀殼是果報體，生死輪廻和吉凶禍福，無一不受業力的牽引，無法自主。儒家謂：「天作孽，猶可爲；自作孽，不可逭」。又說：「爲善降之百祥，爲不善降之百殃」。此種自作自受的因果觀念，與佛家是一致的。

⑵習氣的養成：習氣又稱業習，是過去生中的行爲或意識活動所刻劃的性格；也就是活動的餘勢，所以又稱業力。二人以上的身心活動所產生的爲共業，一人的身心活動所產生的爲別業。氣數便是多數人的共業；命運便是個人的別業。各人的生活經驗不同，其所養成的習氣也不同。所以生活方式也不同。各類動物的生活方式，都受業力的影響；乃至一切事物，也都有不同的業習。如衣箱中的香料拿出來以後，仍有香氣存在；宜興茶壺用久了，用白開水也可以泡出茶。人類除了物理、生理的業習外，還有心理的業習。所以變化多端，各有不同。其起因是由於分別心不同之故。所有一切的分別心，都是妄見。妄見與業習，是互相配合的。多數人共有的分別心，稱爲同分妄見，廣大人羣的同分妄見，便是法執。法執是由知識所產生的，所以又稱知見。此種知見，是由第六識所起的分別心。個人所獨具的分別心，稱爲別業妄見，純屬我執。少數人的同分妄見，也是我執。我執是由情感所生的主觀，所以又稱情見。是由第七識所起的分別心。譬如眼前有一張桌子，大家都認定是桌子，便是從知識所產生的觀念。至於這張桌子的好壞，各人的觀念，便不一致。這是一種情見。知見當然比情見正確。但是桌子不過是一團核子的結合體，仍

是幻相。並非永互不變的實體事物。所以知見和情見，都是妄見。這些妄見，都藏在潛意識裏，便成爲業習。所以第八識稱爲藏識。因爲他可以生起意識，領導一切行爲，所以又稱爲種子識。人的行爲，可以改變種子識的習氣；種子識又可以決定行爲的方向。彼此互爲因果，稱爲種現相熏。等於檔案室儲藏的舊案，可以作處理新案的參考。而新案又可以變更舊案的處理方法。亞里士多德認爲由行動而生性格，相當於現行熏種子的說法；叔本華認爲由性格而生行動，相當於種子熏現行的說法。二者都有所偏。不及種現相熏的圓融；且和生理也可配合。人的大腦，有三種皮質：一是新皮質，主管意識的活動；二是舊皮質，主管潛意識的活動。新舊皮質，可以互相影響，而舊皮質更具有決定性的力量，此卽種現相熏的作用。三是古皮質，生理學家對於他的功用，尚未研究出結果來。我認爲是儲藏原始覺性的如來藏識。（第九識）有的稱三種皮質爲三種腦系，卽新腦系、舊腦系、原始腦系。以之配合唯識學說，更爲切合。孔子所說的性近習遠。墨子所說的：「染於蒼則蒼，染於黃則黃，所入者變，其色亦變」。傅玄所說的：「近朱者赤，近墨者黑」。與佛家的熏習理論，完全相合。李翺復性書云：「人之所以稱聖者性也，人之所以惑其性者情也。喜、怒、哀、樂、愛、慈、欲七者皆情之所爲，性卽昏而情斯匿」。情便是習，六根追逐六塵，本性便被六塵所蒙蔽。

(3)習氣的淨化：習氣本來是後天的產物，有了習氣，便是生死的根本。有了各種不同的習氣，便有了不同的六道輪廻。有了輪廻，便有生、老、病、死、苦。要解脫輪廻的痛苦，必須從源頭上截斷衆流。唯一有效辦法，便是淨化人心的習氣。大智度論云：「聖賢雖斷煩惱，不能斷習」。如難陀尊者過去生中好色，證阿羅漢果以後，已斷色欲。但其入寺，必先觀女衆，是未斷習。孔子的四十而不惑，是已斷煩惱；七十而從心所欲不逾矩，是斷習。二者相隔三十年，可見斷習之難。也可見孔子的重視此一問題。佛家對於斷習，採用的方法甚多。歸納起來，不外治心和觀心兩種。

一是治心：遺敎經云：「制心一處，無事不辦」。就是注重治心工夫。治心是消滅已起的妄念，使其不再繼續；制伏未起的妄念，使其不起現行。儒家的誠意、正心，也是同一作用。妄念的種類，不外貪、嗔、癡三種。衆生一切行爲的動機，都是起於貪、嗔、癡，稱爲三毒。等於三條毒蛇纏繞住我們的身體，不能動彈，且隨時有生命的危險。儒家所說的三戒，也是一樣的：「少之時，血氣未定，戒之在色」。便是癡；「及其壯也，血氣方剛，戒之在鬬」。便是嗔；「及其老也，血氣既衰，戒之在得」。便是貪。佛家最基本的戒條，便是五戒，等於儒家的五常。戒殺是仁；戒盜是義；戒邪淫是禮；戒妄語是信；戒酒是智。此外如佛家的三十七道品，大部份屬於治心法門。儒家的修、齊、治、平、四維、八德種種德目，也都不外是治心功夫。但只有原則性的規範。佛家才有具體的方法。除了施捨、持戒、忍辱、精進外；還有念佛、念經、念咒和禮佛、觀佛，都是集中意志的制心方法。做到極處，便能淨念相繼。一方面可以排除雜念，發生治心的功能，一方面有互動的作用，發生感應的功效。此爲儒家所不可及之處。

二是觀心：治心法門，是勉強抑制的作法，不是澈底有效辦法。惟禪定的觀空，可以明心見性。此爲觀心法門。念佛念到一心不亂的三昧境界，也等於觀心。心本是佛，因被妄念蒙蔽，不能見性。所以修禪定和修念佛三昧的人，能夠停止識心的活動，把眞心顯露出來，證得本來面目。所以叔本華說：「直觀是眞理的根本，概念雜有虛妄」。觀心與治心的不同，也便在此。儒家的格物致知，也是觀心法門。致知便是明心見性。格物二字，在儒家有多種解釋：其中以朱考亭、王陽明爲代表。朱子說：「格者至也，窮至事物之理，欲其極處無不到也」。王陽明說：「格者正也，正其不正，以歸於正也。正其不正者，去惡之謂也。歸於正者，爲善之謂也」。有人說：朱子的格物是道問學；王陽明的格物是尊德性。在當時各種自然科學和社會科學尙未萌芽時代，人們對於每件事物所能知道的太少了。事物的極處，永遠是個謎。這樣的道問學，是在暗中摸索，與致知有何益處。根據朱子的語錄云：「今日格一物，明日格一物，正如游兵圍攻拔守，人欲自然銷鑠去」。是朱子的格物，也是去欲，與王氏並無不同之處。但是去欲是誠意正心的功夫，而不是格物的功夫。格字應作化字解釋：如「格於皇天」的格；「神之格思」的格；「有恥且格」的格；「格於上下」的格；「格君心之非」的格，都應作化字解。卽感格之意。格字用在物字上，便是與物俱化的意思。卽儒家所謂「合內外之道」，及「上下與天地同流」。佛家的「心物一如」，和「能所兩忘」的景象。是眞智的發露，能夠得到眞知，所以稱爲良知。大學八條目的順序：是由內而外，由深到淺。格物是八條目最基本的功夫，也是最深的境界，與誠意正心大不相同。誠意是使意不妄動，正心是使心歸於正，都是去欲的功夫。乃識心用事，與良知不相應。曾子的三省，和子路的聞過則喜，神秀的時時勤拂拭，都是治心的漸修功夫。良知爲不慮而能知的眞智，斷絕思慮攀緣的識心。般若經所謂：「無智亦無得」，華嚴經所謂：「無見即是見」。即是掃除虛妄知見。孔子的「予欲無言」，和「吾有知乎哉，吾無知也。」顏子的「不違如愚」和「心齋坐忘」，這些大智若愚的作風，即無智無得的景象。和六祖的「本來無一物，何處惹塵埃」。都是觀心的頓悟功夫。也是儒家的致良知。可惜格致的功夫失傳，至有許多紛歧解釋。

五、結　論

根據以上所述，佛教與儒家思想，並無衝突之處。何以儒家偏要闢佛呢？這是由於誤解佛教的作風，同時也誤解先儒的思想。第一是誤認佛教是消極的出世法。儒家重視治國平天下，讀書人一定要爭名於朝。僧人避入山林，與世隔絕，未免過於消極。但實際上大乘佛法是積極的。入山修道，等於士子的入學。遇有機緣，仍做度生和利生的工作。釋迦牟尼佛於證悟以後，說法四十九年。歷代高僧，也是慈悲爲懷，普利人羣，何曾消極？還有許多居士，在家有妻子，有事業，仍可修道。是學佛並不限定要出家，出家也不限定不過問世事。大乘佛法，是「不離於眞，不捨於俗」。視世出世法，等無差別。所謂消極，只是名利心的淡泊而已。在利生的工作上，仍是積極的。至於少數不問世事的人，佛家稱爲小乘佛法，便是含有彈斥的意思。儒家也有不少的隱士，照樣被人尊重。這些有所不爲的人，足以矯正爭名奪利的風氣。對世道人心，仍是有貢獻的。第二是誤認儒家重生不重死。所謂：「天地之大德曰生」；「大哉坤元，萬物資生」。和孔子的「未知生，焉知死」。都只談生不談死。佛家偏重死後問題，與儒家態度相反。但生死本是相對待的，談生就是包括死，談死也包括生。善生卽是善死，善死必先善生。孔子曰：「朝聞道，夕死可矣」。聞道卽死，與生何益？可見孔子的談生不談死，是勉勵生前修道，以善其死。佛家也是教人卽身修道，並非重死不重生。第三是誤認儒家重視父子相承。如「父作之，子述之，君子創業垂統，爲可繼也。」因此遂認定不孝有三，無後爲大。佛家沒有父子的關係，滅絕人倫。此爲佛教最受人詬病的一點。但血統的傳承，是宗法社會的舊觀念。所謂創業垂統，係指德業和道統而言。德業和道統的傳統，並不限於有血統關係的父子。所謂一日爲師，終身父事。便是重視傳承的關係。孔子的述而不作，其所述的是堯、舜、禹、湯、文、武、周公，而非其父叔梁紇。因叔梁紇並無可述的德業。且堯舜的兒子都不肖，沒有舜禹，既不能垂統，也無人能述。堯舜的創業，不是落了空嗎？可見有血統關係的父子，在德業和道統的傳承上並非重要。除此以外，還有一個重要的因素：是儒家的獨尊思想。自漢武帝表彰六經，罷黜百家以後，儒家定爲一尊。於是對於儒家以外的思想，都視爲異端。儘管宋明學者承襲佛家的思想，還是掛上儒家的招牌，（儒表佛裏）便是獨尊思想作祟。總之先儒的思想，因受了文字工具和秦始皇焚書的影響，都是語焉不詳。尤其是格物致知兩傳失傳，後人不免斷章取義，發生誤解。佛學傳入中國時，文字工具完備，一切經論，都有詳細記載。正可與儒家議論，互相發揮，相得益彰，現在我們不談復興中華文化則已。要復興中華文化，二者不可偏廢。

中華文化的主流——一貫之道

一、道的精神

1.傳統的解釋：在中華民族文化的傳統中，道字是一切哲理所通用的名詞。同時也是各家所共用的名詞。因其用處甚多，在解釋上也各有不同，很難得下一個正確的定義。「仁者見之謂之仁，智者見之謂之智，百姓日用而不知」。（易經）這便是我們先聖對道字所作的一個最初的解釋。從這個解釋中可以了知道字是沒有一定的界說，而且是很難了知的。如再加一貫二字，更難索解。根據孔穎達疏「吾道一以貫之」句：爲「用一理以貫通天下萬事之道」。當時孔子並未明言此句意義，曾子「唯」了一聲。孔穎達謂「直曉曰唯」，即是表示領悟的意思。門人再問時，曾子勉強答了一句：「夫子之道，忠恕而已矣」。我們對於這一段問答的情形，有下列幾點懷疑：㈠依孔子的說法：「忠恕違道不遠」。又曰：「君子之道，必忠恕以得之」。可見忠恕並不是道，只是由忠恕可以入道而已。何以曾子用忠恕解釋道字呢？㈡假如忠恕便是道，孔子何以不直截了當的說：「吾道忠恕以貫之」？曾子何以不對孔子直接答出忠恕二字，而只是「唯」了一聲？而孔子又何以知道曾子的「唯」，便是指的忠恕呢？㈢假如孔子所說的「一」，是指一理而言，孔子何以不把「理」字直截了當的說了出來？而要用「一」字來代替呢？㈣忠恕分明是兩種德目，並非一理。孔子何以不說「二以貫之」，而說「一以貫之」呢？這個謎底，直到現在二千餘年，還沒有人把他揭穿，都是根據孔疏，不求甚解。有時將一貫二字聯在一起使用，變成一個形容詞，便等於貫通或貫串或聯貫之意。有時略去一字，單用貫字，也同一意義，同一欠妥。論語的原句在「一」字下還用一個「以」字，以加重其語氣。很顯然地是強調「一」字的作用。所以此處的「一」字，是一句之主，萬不可忽略。「理」字在孔穎達以前的儒家，多用以說明現象界的事理，很少用以說明形上學理以代替「道」字的。用理字作形上學中的名相，當係始於華嚴宗所立之四法界中之理法界。宋儒以後，便普遍地以理字代替道字。所以孔穎達所指的一理，不能肯定其卽是指的形上之道。程子謂：「忠者天道，恕者人道。如維天之命，於穆不已，忠也。乾道變化，各正性命，恕也」。朱子謂：「聖人之道，渾然一理；而泛應曲當，用各不同」。程子偏於天道，相當於王陽明的天人合一。朱子偏於人道，相當於佛家之能所一如。（主體爲能，客體爲所。平等爲一，不變爲如。）依二子解釋，所謂一貫之道，究竟是天道還是人道？不能使人有一個正確的認識。孔子以六藝教學，原不限於倫理學之忠恕。其告子貢曰：「汝以予爲多學而識之歟？予一以貫之」。所謂多學，當係包括六藝而言。則一貫二字，自不僅是忠恕而已。因此吾人認爲各家的解釋，都嫌狹隘，使人有無所適從之感。此一問題，須將用得最濫的道字，作一番整理爬梳的工作，才能求出答案。

2.道分體用：道有體用之別。「一以貫之」句，卽涉及體用二者。所謂道體，指宇宙之究極的存在而言。乃形而上之道，卽一也。由此展開之森羅萬象，屬於道之用，乃形而下之器，卽貫也。佛家之所謂無爲法，卽爲道體，有爲法卽爲道用。就道之總體而言；是一眞絕待，爲佛道，爲涅槃道。就心性之本體言：是平等一如，爲菩提道，爲般若道，皆一也。此外如有繫道與離繫道，有漏道與無漏道，出苦道與方便道，均係體用並稱，有一卽有貫。至性相、空有、理事、一多……等，亦係體用兼攝。儒家則以乾爲道體，坤爲道用。易曰：「乾知大始，坤作成物」。又曰：「大哉乾元，萬物資始；大哉坤元，萬物資生」。有時稱爲天道與人道；或以靜與動代替體用。中庸云：「誠者天之道也，誠之者人之道也」。孟子續之云：「至誠而不動者未之有也，不誠未有能動者也」。周濂溪解釋至誠二字云：「寂然不動，感而遂通」。天道是無爲的體，故靜；人道是有爲的用，故動。僧肇所稱之「動而常靜，靜不離動」。與程伊川所稱之「動靜無端」。都是指動靜一如而言，卽體用一貫之謂。道字出現得最早的是尙書的「人心惟危，道心惟微，惟精惟一，允執厥中」。孔穎達疏云：「人心危則難安，安民必須明道。道心微則難明。將欲明道，必須精心；將欲安民，必須一意。故以戒精心一意。又當信執其中」。王陽明謂「惟一是惟精主意，惟精是惟一工夫。非惟精之外，復有惟一也」。集傳云：「指其發於形氣者而言，謂之人心；指其發於義理者而言，謂之道心」。這三種解釋，都是體用不分，含混其辭。其餘各家註釋，大體相同。按危、微、精、一四句，與「一以貫之」句，語異而義同。危，指人心之染欲而言；微，指道體之微妙難知而言。惟精、是人心體道所用的工夫；惟一、是由道心所具之實相。故精字宜作精純解。卽去疵而取其純之意。一字所以表詮混然一氣之體性。如佛家之一眞絕待，平等一如……等「一」字，皆與「一貫」之一，及「惟一」之一，用法相同。易曰：「乾，其靜也專，其動也直」。上句可釋惟一之義，下句可釋惟精之義。萬法唯心，道心卽是道體，人心卽是道用，精一卽是一貫。中庸云：「其爲物不貳」，卽一之謂也。「則其生物不測」，卽貫之謂也。老子以無爲爲體，以無不爲爲用。其所謂：「萬物得一以生」，與佛家之「萬法歸一」，及「一爲無量，無量爲一」。荀子所謂：「以一持萬」……等，皆一貫主義。

3.體用均衡的中道：介乎體用之間的均衡作用就是「中」。是儒家哲學的主幹。一個是立體的中，是上下之間的均衡作用。堯曰：「咨爾舜，天之曆數在爾躬，允執其中，四海困窮，天祿永終」。上言天數，體也。下言人事，用也。不偏於體，不偏於用，便是允執其中。此中便是人心道心的中。由堯以傳之舜，發揮危微精一之旨而允執其中；遞傳至孔子之一貫，便有中的含義。又由子思以中庸傳之孟子，孟子也有「中道而立」的主張。一個是平面的中：爲感情方面的內外均衡作用。儒家的倫理哲學，以誠、仁、中爲體；由此展開之用，則爲明、爲義、爲和及其他各種德目。誠爲心物一如之本體，相當於佛家之眞如；其發用則爲因果歷然之明。(包括廉與恥）仁爲悲智一如之本體，相當於佛家之菩提，其發用則爲隨緣不變之義。（包括公與恕）中爲能所一如之本體，相當於佛家之般若；其發用則爲自他兩利之和。三者本是一體，只是就用以爲分別。朱子謂：「中乃心之所以爲體，而寂然不變者也」。王陽明謂：「心正則中」。故中字可含攝一切德目。且平面的中與立體的中字，似異而實同。因上下內外皆主乎一心也。此一中字，卽道統之所在。儒家是以內外代表心物與能所。以上下或天地代表本體界與現象界。如內外合道，格於上下，上下與天地同流，都是執兩用中。淮南子云：「天圓地方，道在中央」。圓者周徧圓融而又無所不在，指本體而言。現象界則拘限於一定之方所。道在中央，謂其居於二者之間也。佛家以卽空卽假爲中道義，黑格爾以有正有反爲合。和執兩用中，同一精神。「一以貫之」的含義，卽係體用兼賅，不偏於任何一面的中道。故一不離貫，貫不離一。可離非道也。

二、道體

1.道體絕對待：易曰：「形而上者謂之道」，謂道在有形事物之外，凡五官所能觸對者，爲感覺世界。（亦稱經驗世界或現象世界）因緣所生，均無自性。非形上之道體。蓋眞如體上，一法不立。「其靜也專」四字，卽道盡道體之絕待。因專有誠篤之義，卽在靜的體性中，他是眞實不虛的；又專有唯一之義。卽大而無外，無所不包之謂。徧虛空，滿法界，唯「一」而已。宇宙最後之存在，本具有必然性與普遍性。誠篤指永恒的不變性而言，卽必然性。老子謂：「聖人抱一爲天下式」。莊子謂：「一而不易者道也」。皆有不變之義。佛家所謂：「一眞絕待」，亦同此義。「唯一」指大而無外之普遍性而言。老子謂：「大道氾兮其可左右」，莊子謂：「萬物與我爲一」。皆普遍之謂。佛家之法身徧宇宙，與平等一如，亦同此義。至儒家之至誠，佛家之眞如，均可兼攝必然與普徧二義。「至誠無息」，謂其無間斷，卽不變之義。眞爲不虛，如爲不異，亦斯義也。孟子曰：「夫道一而已矣」。佛家之不二法門，亦一也。此一非與二相對待之一，爲超現實之一，爲絕對待之一，爲無大無小之一，（放之則彌六合，卷之則退藏如密）爲無始無終之一。（一念可歷萬年，萬年還歸一念。）老子謂：「天得一以淸，地得一以寧」。程伊川云：「主一之謂敬，無適之謂一」。是一之含義，無所不包，而又不動本位。動則生二、生三、生萬物而有對待之相。如因長而有短，因大而有小，因是而有非……之類。易所謂：「一陰一陽之謂道」。指道之發用而言。故有對待之陰陽。孔穎達謂：「一爲無，無陰無陽之謂道」。是陰陽亦絕對待也。佛家之空，道家之無，皆爲絕待之義，非斷滅之謂也。佛家離四句，（有、無、非有、非無、亦有、亦無）絕百非，卽道盡道體之玄妙莫測。涅槃無名論云：「涅槃之名，道也。寂寞虛曠，不可以形名得；微妙無相，不可以有心求」。詩云：「上天之載，無聲無臭，至矣」。陸九淵釋道心惟微云：「無聲、無臭、無形、無體，非微乎」。老子謂：「道之爲物，惟恍惟忽」。又曰：「有物混成，先天地生，寂寞獨立，……字之曰道」。莊子云：「至道之精，窈窈冥冥；至道之極，昏昏默默」。三論玄義云：「至妙虛通，目之爲道」。法華經云「諸法寂滅相」，金剛經之「實相無相」，皆認定道是不可捉摸，不可想像的東西。莊子謂：「道未始有封」，即以道無相形人我界限。（憨山大師註）此皆絕待之謂。有對待則有差別之相。非平等一如之本體界也。「是法平等，無有高下」。一之與中，皆具有絕待之義，故以之名道體。

2.道體不可說：語言所以表詮差別之相，道之本體，既爲平等一如，自非千差萬別之現象界所能比擬。此種超越一切現象之絕對的存在，非感官所能觸覺，非言語所能擬議，非思慮所能攀緣。因吾人感官所能觸覺者，爲生滅無常之六塵；言語所能表詮者，爲六塵中之生活經驗；思慮所能攀緣者，爲生活經驗之影象。凡經驗界之產物，皆是此生則彼生，此滅則彼滅。彼此循環相依，而產生一切對待之相，以之比擬絕對待之本體界，自是差之毫釐，謬以千里。孔子之不言性與天道，與老子之所謂：「大道無名」。卽是因其不可言，不可名也。莊子謂：「使道而可以告人，則人莫不告其兄弟」。又曰：「道通爲一，……既已一矣，且得有言乎」。故曰：「一與言爲二，二與一爲三。……」因道既爲一，如加之以言，則道體之一，與所言之一，相對待而爲二矣。凡絕待的事物，是能涵蓋一切，無法比擬的。如天是至極的高，便不能用山的高與之相比。因山也在天的涵蓋中。「天何言哉？四時行焉，百物生焉」。所有時間與空間，都在無所不包的道體中。同時又都是道體之所在。如何能夠用言語來說明他呢？如言語可以代表實相，則說火時口應被焚；說刀時舌應出血。第一義諦，惟證方知。正如莊子所說的「可傳而不可受，可得而不見」。如來說法四十九年，不曾道着一字。拈花示衆，迦葉微笑，已證涅槃心妙。維摩詰之默然不語，已入不二法門。慧可之立而不答，已得祖師法髓。禪宗之見性成佛，全在以心傳心，不立文字，不落言詮。曾子之唯，卽係悟證了絕待之道體，孔子知之而不再問。此乃孔門師弟傳授心法之最高境界，與上述佛門公案，同一作風。此種以心印心之境界，在孔門中只有顏子和曾子有此境界。如顏子之三月不違仁，純是一種心悟，孔子卽爲之印可。顏子對孔子平時的訓誨，只是虛心聽受，並不作答。其不違如愚的態度，也同如曾子的「唯」。孔門自子貢以下，都不能體會道不可說之旨，故不能了解孔子「予欲無言」之意。至曾門弟子，更是無法體會得到。所以不懂曾子「唯」的意義。因此再問。曾子只能勉強以違道不遠之忠恕作答。是從「貫」字上作答，而非從「一」字上作答。後世儒家，對於此一問題，均不求甚解，其智慧尙不如曾門弟子。

3. 道體常存：道體雖不可捉摸，但有其不變的自性。不同於現象界有形事物之變動無常。中庸謂：「率性之謂道」。又曰：「誠者天之道也」。老子謂：「道法自然」。金剛經所謂「眞實不虛」。皆指不變之體性而言。佛家稱之爲自性。卽不生、不滅、不垢、不淨、不增、不減永恆如斯之性體。六祖所謂：「本不動搖，本自淸淨」。與上述六不，皆所以形容眞如本性。（佛家對於不能用言語表詮的道體，經常都用遮詮的方法。此處的六不，和中論的八不，以及般若的二十種空，都是如此。）儒家之誠，老子之自然，均具有眞如及自性之義。自性之另一解釋，卽是常義。不常則非自性。孔子曰：「道也者，不可須臾離也，可離非道也」。卽常之謂也。老子曰：「道可道，非常道；名可名，非常名」。林希逸解之云：「常爲不變易之謂。可道可名，則有變易。不可道，不可名，則無變易」。故常與不可離，同一意義。亦即至誠與眞如之謂也。西洋哲學所追求的第一因，也是永恆的存在，也是最後的存在。換言之：即無始無終的存在。所有現象界的一切事物，儘管是變動不居，都是吾人感覺中的印象，非最後的實體。如萬頃波瀾，變化無常，而其濕性，則永恆不變。易曰：「反復其道」。老子曰：「夫物芸芸，各復歸其根」。即指無常的事物，回復到本體以後，仍有其不變之體性。佛家將一切現象界的事物，分爲物質部份與精神部份，即色法與心法兩種。色法有成、住、壞、空，心法有生、住、異、滅，循環不已，無有定性。衆生的生命，也是隨着色心二法的轉變，而輪廻於生死海中。但是支配色心的原動力是衆生的業力。而業力生於覺性。此一覺性，在聖不增，在凡不減。色心隨業力而轉變，而覺性則永恆存在。物理學上的能力，有如佛家之業力，雖是不斷的在活動，然其不滅之體性，亦如業力最後之有覺性也。是最後的存在，已逐漸能在科學上求得證明，亦可作道體常存之說明。

三、道　用

1. 道在宇宙：道體既是離相，吾人從何認識道的存在。須從道的發用上去體認道。如火在木中，人不能見，雖斷此木爲萬片，也找不出半點火星。但一經燃燒。則寸木不留，盡爲灰燼。此火之發用也。道之發用，亦復如是。所謂即體起用，即用顯體是也。道爲萬物之根荄，舉凡宇宙之形成，思想之啓發，行爲之顯露，皆爲道所發用。中庸謂：「誠則形，形則著」。與易所謂：

「形而下者謂之器」。即係認定有形事物，皆爲道所發露。老子謂：「道者萬物之奧」。是認定萬物都收藏在道裏面。莊子謂：「道無所不在」。與佛家所謂：「法身徧宇宙」，同一指道體徧一切處而言。一月映千江，千江各有一月。體之與用，亦猶是也。道體爲絕對待之一。但其發用，則爲無量之事物。「無量義者，從一法生」。（無量義經）「吉凶悔吝生乎動」。（易經）道體之一，因動而爲有對待之陰陽。亦猶電磁場之有引力與斥力也。即由此動力，以開物成務。儒家所謂無極而太極而兩儀而四象，道家所謂一生二生三生萬物，佛家所謂一爲無量。皆由寂然不動之本體，而作無限的展開。此衆多的事物，不僅是無量的多，且具有千差萬別的形態。「森羅及萬象，皆一法之所印」。易之「同歸殊途」，張橫渠之「一氣萬殊」，程伊川之「理一分殊」，此一殊字，即說明道體所顯露的差別之相。禪家所謂：「山河及大地，全露法五身」。與「翠竹黃花，無非般若」。及「佛是乾矢橛」，「佛是蔴三斤」。及莊子所謂：「道在螻蟻，道在稊稗，道在屎溺」。凡此舉例：一方面說明「是法平等，無有高下」。一方面說明「萬物並育而不相害，道並行而不相悖」。如海市蜃樓，氣象萬千，皆同一雲水之幻象耳。只是吾人識心上多一分別之相，遂以妄爲眞。如心無分別，則一香一色，無非中道。運水搬柴，皆爲妙道。是無在而非道也。大乘義章云：「諸行同體，虛融無礙，名之爲通，通故名道」。佛家以包括物理、生理、心理之一切有爲法爲諸行，是一切現象界之事事物物，莫非道也。證以物質互變之物理法則，益信而有徵。

2.道在人心：心包萬物，道心卽是道體；一切是道，卽是心徧一切處。孟子稱：「萬物皆備於我」。陸象山謂：「宇宙不在我心之外」。與佛家所稱之「萬法唯心」，同一意義。易曰：「乾知大始」，是以知性爲天地之始。首楞嚴經謂：「空生大覺中」，卽指宇宙皆在覺海之中。大學之明德，孟子之良知，亦指覺性言。此覺性在聖不增，在凡不減。人人皆有佛性，人皆可爲堯舜。只是妄想執着，未能證得耳。起信論分心爲眞如門與生滅門，前者爲眞心，後者爲妄心。心本是一，隨用分別耳。六祖謂：「不思善，不思惡，便是本來面目」。王陽明謂：「無善無惡心之體，有善有惡心之用」。眞心指覺性而言，卽無善無惡之體，爲人人本具的。妄心指識心而言，卽有善有惡之用，隨多生之熏習而有差別。「道不遠人，人之爲道而遠人」。心有所爲，故遠於道。所謂「知見立知，卽無明本」。心如明鏡，本極光明，（知見）只因蒙上一層玻璃紙，（立知）反爲不明。（無明）人心皆以覺性爲體。因無端對外界起認知作用，欲知之心乍動，而無明以生。於是以能認知之本體爲我，以被認知之客體爲我所。能所本爲互動的一體，因分別能所而產生主客對立之觀念。由此對立觀念而產生人我是非之差別相。眞心遂爲六塵所蔽，因之有所忿懥、恐懼、好惡、憂患而不得其正。李翺云：「人之所以爲聖者性也；人之所以惑其性者情也」。儒家之稱贊赤子，道家之稱贊嬰孩，佛家之稱贊童子，皆取其率性之義。率性則不雜情僞。故成佛成聖，只在一念之中，別無他求。操之則存，捨之則亡；放下屠刀，立地成佛；我欲仁，斯仁至矣。心爲證道之主體，去得人欲，便是天理，不必別求助力。大學的格物致知，是儒家的觀心法門；正心誠意，是治心法門。格者化也，物我兩忘是格物。致者復也，明心見性是致知。良知卽是覺性，因爲外物所蔽而不顯。泯人我是非之見，內證自性，則意自誠而心自正矣。如捨觀心的格致功夫，而專談治心的誠正功夫，是在識心上找出路，不能證性。易曰：「復其見天地之心乎」。孔穎達以「天地之心，寂然不動，反本爲復」。卽致知之意。孔子曰：「朝聞道，夕死可矣」。聞卽反聞聞自性之聞，乃內證自性之謂。大學之「明明德」，孟子之「誠心養性」，與「反身而誠」，老子之「復命」，與「知常曰明」，都指格致而言。禪宗之「絕心意識」，與老子之「爲道日損」，都是做的格致功夫。物格而後能明本自心，見本自性。便是致知。叔本華謂：「直觀爲眞理的根本，概念雜有虛妄」。此語可作格致與誠正之說明。儒家向上一着的格致與存養功夫失傳。專在識心的概念上找出路，捨本逐末，去道日遠。雖以明德爲目的，而德終不可明也。

3. 道在行持：儒家之修持綱領，爲明明德、新民、止於至善，與佛家之自覺、覺他、覺行圓滿，正復相同。上段所談的是明德問題；此段所談的是新民問題。儒家之出發點爲無緣與同體之慈悲。佛家於諸惡莫作，衆善奉行之外，尤重在自淨其意。此一淨字，卽惟精惟一之義。可以含攝格、致、誠、正四字。儒家特別重視仁義。仁是內心所具有的道德觀念，屬於先天性的；義是行爲上的規範，屬於後天性的。先天性的爲平等一如，無善惡之分。後天性的生於分別心，有人我是非之分。前者緣於理性，後者緣於情感。故仁心與本體界混然一氣，永恆不變，絕對待而不可說。所以弟子問仁，孔子均答以不知。義行是因事制宜的。荀子云：「約定俗成謂之宜，異於俗則不宜」。凡行爲由社會所公認者，即爲約定俗成之義行。並無不變之客觀的標準。而人類之生活方式，無時不在變遷；因之義行之標準，亦有適時的改變。孔子學說，至孟子而一變：孔子重視仁，主張周而不比，孟子重視義，主張愛有差等。孔子之「己欲立而立人，己欲達而達人」，是先人而後己。孟子之「老吾老以及人之老，幼吾幼以及人之幼」。是先己而後人。詩所謂：「刑於寡妻，至於兄弟，以御於家邦」。與大學的修、齊、治、平，都是義務上由親及疏的順序。孟子的親親而仁民，仁民而愛物，則是權利上由親及疏的順序。此爲孔孟學說之歧異處。禮運稱大同之世：「大道之行也，天下爲公，人不獨親其親，不獨子其子」。小康之世：「大道既隱，天下爲家，各親其親，各子其子」。孔子志在大同，孟子近乎小康。蓋時代不同，故主張亦異。但孟子雖隨順世法，仍重視道心。所謂：「仁、義、禮、智，非由外鑠我也，我固有之也」。即係以理念爲主之集義，與「義襲而取」之專重外表，大異其趣。故曰：「仁者無不愛也，急親賢之爲務」。時代使然耳。非有所偏也。世風愈下，愛之範圍，也逐漸縮小，始終停滯在親親的階段，而不能仁民，更遑論乎愛物。下焉者僅愛其身而遺其親，則更無論矣。佛家之無緣大慈與同體大悲，視心佛衆生，三無差別。但亦主張隨順世法，「不捨於俗，不離於眞」。(金光明經)所謂隨緣不變，即係以平等之仁心，行差別之義行。「是集義所生者」，則差別即爲平等。倫理之精神，對人以義務爲出發點，如爲父當慈，爲子當孝，皆義務也。功利主義之社會，則重權利而輕義務。末世儒家，過份強調差別之義行，而忘其一體之仁。流弊所至，馴至義利不分，足爲道障。其所謂義，乃義襲而取之義也。

老子認爲「大道廢，有仁義」，其發展的過程：是「失道而後德，失德而後仁，失仁而後義，失義而後禮」。所有德、仁、義、禮，都是約定俗成，並非本來具有；亦無永恆的普遍性。故爲老子所不取。他認爲：「天下皆知美之爲美，斯惡矣；皆知善之爲善，斯不善矣」。至道本乎心，非所以求表現也。所以主張：「絕聖棄智，絕仁棄義」。惡其有分別心也。分別生於我執，以軀殼爲本位。故老子以身爲大患。凡一切由道所顯之用，都是衰弱的表現。故曰：「弱者道之用」。實際上道是以無用爲用。換言之：便是「道法自然」。莊子認爲道是一際平等，本無差別之相。故曰：「道通爲一」。又曰：「至仁無親」。因「是非之彰也，道之所以虧也；道之所以虧，愛之所以成」。故主張：「道行之而成」。卽任道而行，無所分別之意。其說與老子相同。足以矯正末世愛有差等，義利不分之弊。惟對世法有嫉之已甚之嫌，故不免近於聲聞人之沉空滯寂，而未能遣其遣相之相，如般若之空空也。

四、結　論

道之體用，猶圓心與圓周之互相依存。圓心爲一，圓周爲貫。一是貫的絕對中心點，貫是一的無限延展面。因一而有貫，因貫而有一。二者原不可分離。如在圓球之上，處處皆是一，處處皆是貫。二者亦不可分別。所謂：「有爲無爲，非一非異，非泯非存」。（宗鏡錄）惟道家重視體，儒家重視用，皆有所偏。只有佛家「於有爲界示無爲之理，不滅有爲之相；於無爲界示有爲之法，不壞無爲之性」。（華嚴經）維摩詰經云：「不盡有爲，不住無爲」。持世經云：「有爲法如實相，即是無爲」。均是體用並重。即儒家所反對之空宗，亦係體用兼顧。般若經云：「不得離有爲說無爲，不得離無爲說有爲」。故云：「有爲無爲之法，文字言說有差別耳」。（梵天所問經）而實際上「有爲功德，無爲功德，悉皆成就」。（仁王經）宗鏡錄云：「有無性相，無礙俱存。……行布（用）乃隨義以施爲，圓融（體）則順性而冥寂」。此即色空不二之說也。儒家原極重視道體，所謂：「下學而上達」，及「學以致於道」，與「贊天地之化育」、……等，皆係體用並重。惟孔子五十始學易而知天命。（道體）論語所記，多爲其早年語錄，罕言性與天道。對於形上學理之說明，甚爲簡略。註釋家不解其義，往往含混其辭。後之學者，對性體問題，更避而不談。因之先儒之形上學理，必須與佛道二家之學說，比較研究，始能求得答案。自魏晉學者，重視三玄，儒釋道三家之學說，已合而爲一。但因歷代以文學取士，儒家義理之學，大部份爲文字學所侵蝕。所有士子，均須研習詩、詞、歌、賦及八股文，以換取功名。故凡工於文字學者，即取得儒家之地位，可以繼承道統。宋明理學家雖曾一變治學風氣，從佛學中體認道之體用。然受傳統的儒家獨尊思想之影響，不肯承認其得自佛學。並欲使人盲從其闢佛學說。如朱子云：「儒家若待看通佛書，再來闢佛。佛典未看通，早被佛降伏去矣。如人在關河上行，不知不覺，便行入番界」。則其用心可知。至一般文學家，多不知道體爲何物，往往以倫理哲學，統括道義。如韓愈所謂「由是而之焉之謂道」。卽係本此觀點。道行爲人類行爲之軌範，自當重視。惟分別過多，轉爲道障。時代轉變，義利之辨，已失其標準。莊子云：「仁義之端，是非之塗，樊然殽亂，吾惡知其辨」。居今而言文化，益使人有無所適從之感。儒家末流衞道之士，對浩如瀚海之佛書，未窺堂奧，輒拾宋儒牙慧，以批評佛老之談空談無，而不知空無乃指道體而言，正先儒之所重視者。

大乘佛法之救世思想，與儒家之博愛精神，完全相符。其平等的精神，便是以大同爲標的。所以譚嗣同認爲佛教是主張大同的。 孫中山先生提倡大同之治，也認爲佛教是救世之仁，佛學足以補科學之偏。三民主義，便是以平等的精神，領導人類趨向大同世界。今天不談復興文化則已，要復興中華文化，必須淨化人心，才能邁向大同世界。而人心的淨化，尤須重視一以貫之的中道。「中者天下之正道」，離開中道，必致內外上下脫節，無法使其一貫。儒家格致與存養之學，既已失傳。當取佛家明心見性之學，以資救助。體用並重，然後能上下同流，內外合道。以進大同，以贊天地之化育。

佛教的無我思想

佛家的教義，是以無我爲中心思想。我是主宰義：主是我體，宰是我所。或稱之爲我體、我用。我有人我與法我兩種。本文單就人我而言：人我又有個體與羣體的分別。個體的我：有心理的我、（思想）生理的我、（呼吸）物理的我。（軀殼）羣體的我，範圍甚廣，無法列舉，大家所具有的：不外我的家，我的國，我的同類。由內而外，逐漸放大。愈是向內，我執的密度愈高。不過家、國、同類，屬於我所的範圍。假如把身心的我破斥了，其他的問題，便可不攻自破。

一、先談軀殼的我：人身的組織，不外物理和生理，凡是物質的組合，有成必有壞。以前物理學家認爲物質不滅，現已證明只有能力不滅。血肉之軀，不過數十年的生命。而在此期間，全身的細胞，每經七年，便全部更換。是此時之我，已非七年以前的我。而且細胞的生滅，是刹那不停。故具體的說：此刻的我，已非前一刻的我。此卽佛家所謂變易生死。

二、是思想的我：笛卡兒說：「我思故我在」，是承認有一個思想的我。康德的統覺，也是指思想的我而言。佛家的五蘊和十八界，卽是用以破斥思想的我。五蘊中的受、想、行、識四蘊，都是心理活動過程，和色蘊是互相關聯的，有其一必有其四。獨散意識，也離不了過去事物的影象。外界事物，旣不斷的生滅變化，以之作依據的心識活動，更有何實體可言。十八界中的六識界，是由根塵相對所生起的。五根是五塵的受容器，識心根據所得資料，加以綜合整理。如「根塵脫粘，識無所寄」。（首楞嚴經）和五蘊的互相依存，是同一道理。所以稍加分析，思想是無獨特性的。思想的本身，便是思想者，並非於思想以外，另有一個思想者。

三、是業識的我：吾人在一期壽命終結時，前七識不起現行。只有業識輪廻六道，很像是一個我的主體。但業識是一種生活經驗的熏習，生活方式改變，業習也隨之改變。過去生中的業習，變成現在的性格；現在的行爲，又變成未來的性格。業識雖似流水般的持續不斷。但也是水性一樣的隨處改變，下一段的水性，不同於上一段的水性。流相雖同，而水性不同。人性亦復如是。不僅前世後世，不同一自我。卽在此生少、壯、老的過程中，習性和思想，也不斷地在改變。並無一個同一的我。

四、涅槃的我：以上三種的我，都是因緣和合的假我，並無實體。因衆生執爲自我，而衆苦俱集。故佛家予以破斥。但是如果執着無我，又墮於斷見，誰肯修持？所以佛陀在說涅槃經時，又說有我。這個我是不變的我。如云：「若法是實、是眞、是常、是主、是依，性不變易，是名爲我」。前面三種的我，都是變易性的。「佛法有我，卽是佛性」。此佛性在聖不增，在凡不減。故「一切衆生，悉有佛性，卽是我性」。（均涅槃經語）此我是萬物一體的我，絕能所的我。和儒家所謂：「合內外之道，上下與天地同流」。是同一精神。同時這個我，是解脫一切痛苦，自在無礙，常、樂、我、淨的我。

我們由以上的分析，可以體會到佛家的無我，不是否定實體的我，而是否定無自性的我。因爲這個我過於狹小，把平等一如的佛性，變成衆多的我所。使人發生愛憎是非的情感。作痛苦的根源。所以佛家無我的思想，也可以說不是否定我，而是否定我所，主張宇宙一體的大我。

六祖壇經與中國文化

（善導寺講稿）

一、壇經的眞僞問題

1、敦煌寫本　敦煌寫本壇經，由胡適首先提出他的考據意見：認爲是由神會或其門徒所僞造的。胡先生以前對於此一問題的言論，我未曾見過。近來拜讀胡先生校勘的神會和尙遺集，才曉得胡先生否定壇經的主張，不外下列三種理由：第一是韋處厚作大義禪師碑銘有「習徒迷眞，橘枳變體，竟成壇經傳宗。」的記載。胡先生認爲壇經傳宗，是指寫作壇經而言。傳宗二字，是指傳承宗派而言，並不含有寫作意義。將原文譯成白話，應該是「門徒迷惑了眞理，變了頓教的質，居然也成了壇經傳承宗派的人」。胡先生的說法，未免文不對題。第二是胡先生認爲神會語錄有很多與壇經相同之處。因此斷定壇經是根據神會語錄所編造的。弟子的言論與老師相同，這是當然的事。怎能因此就認定老師的語錄是抄襲弟子的語錄呢？這是倒果爲因的說法。後儒的言論，多有與孔孟相同之處，豈不是都可以成爲僞造學庸論孟的人嗎？胡先生早年提倡打倒孔家店，焚毀線裝書的口號，後來共匪也提出同樣的口號。如果根據胡先生的邏輯形式，豈不就變成胡先生的口號是鈔襲共產黨的嗎？第三是敦煌本壇經中有神會繼承法統的懸記，因此斷定這是神會派僞造壇經的原因。胡先生此一認定，我也具有同感。那麼究竟是誰的僞造呢？根據神會的顯宗記：「衣爲法信，法是衣宗。……非衣不傳於法，非法不傳於衣。」一段記載，神會本人承認衣法是併傳的。他既未承受六祖的衣鉢，當然不是六祖所指定的法統繼承人。足證繼承法統的懸記，也不是神會所編造的，必是神會的弟子所爲。因神會雖受封爲七祖，榮極一時。但祖位的承傳，是以衣鉢爲信。神會缺少此項信物，不免美中不足。不能取得宗門道友的信奉。因此便僞造「吾滅後二十年，邪法撩亂，惑我宗旨，有人出來，不惜生命，第佛教是非，豎立宗旨，即是吾正法。」一段懸記，加在壇經中。

2、古本壇經的認定：胡先生肯定敦煌本爲古本壇經，因敦煌石窟是收藏古代文物之處，所以大家對胡先生此一認定，均無異議。如果單就經本而言，敦煌既是唐人的寫本，當然是古本。但就記載內容言，應以曹溪本爲最古。因曹溪本在六祖生前便已流傳。但無法傳至敦煌。因當時神秀受封爲國師，大江以北以西，都是漸教的教區，六祖的頓教，僅拘限於東南一隅。同時神秀的門徒，又嫉視六祖。由承昌的行刺，可以證知其仇視之深。豈能容許六祖的壇經侵入漸教區域。六祖不識文字，壇經是由弟子筆記，由法海彙集的。因筆記者不止一人，所以流通本的文字，互有差異。又因都是得自六祖口述，所以差異也不太大。由此更足證明曹溪本的眞實性。柳宗元的大鑒禪師碑云：「其說俱在，今布天下，凡言禪者，皆本曹溪」。很顯明地是指曹溪本流傳而言。曹溪本與敦煌本有幾點絕不相同之處：第一是曹溪本沒有神會爲法統繼承人的懸記。第二是敦煌本缺少機緣和護法兩品，這兩品關係非常重要。尤其是機緣品有六祖指神會只是一個知解宗徒的記載，和敦煌本的懸記牴觸。胡先生因敦煌本是僞造的，便認定一切壇經，都是僞本。顯然是以僞亂眞。其次是西天二十八祖的問題：胡先生以付法藏傳僅載二十四祖，與壇經所說的二十八祖不同。認係神會的妄語。根據契嵩禪師的傳法正宗記，認付法藏傳是後魏毀滅佛教以後的譯品，可靠性不高。並引禪經、不淨觀經序、出三藏記、寶林傳、尊勝菩薩無量陀羅經及傳燈錄等書爲證。胡先生認正宗記不可靠，傳燈錄也是後人所追改的。胡先生既未提出證據來；而對契嵩所引證的其他資料，又概置不論。胡先生另一論證是唐人對西天諸祖的數字，各有不同的說法，故疑是中土的僞造。中國人習慣上對道統傳承人的稱述，都是隨意增減。如儒家的道統：有的稱堯、舜、禹、湯、文、武、周、孔、顏、曾、思、孟；有的稱文、武、周、孔；有的稱孔孟，並無定數。也不因此影響儒家的道統。法官判案，要儘量搜集有利被告的證據。胡先生對六祖有利的證據，概置不論。除柳文及正宗記等書外，尚有法海的序、王維的碑銘、劉禹錫的第二碑。尤其是中宗的詔書，對六祖推崇倍至，這是具有歷史性的文件。胡先生均不採證。僅根據僞證，否定壇經。這是無法使人信服的。談考據要了解時代的背境，在頓敎盛行的時期，漸敎亦盛行北方。雙方都有信衆護法，不能僅採一面的證據。那就等於根據匪區的資料來硏究胡先生，便差之毫釐，謬以千里。

二、頓敎的創導

1、頓敎的形成：初期的禪學，隨同佛敎傳入中國的：有修數息觀的安般禪，修五停心的五門禪，修持名念佛的念佛禪；修一心三觀的實相禪。智者大師的止觀法門也是實相禪的一種。這些禪法，除念佛禪以外，都不離晏坐看淨和凝心入定的方法。這些方法，有住法自縛的缺點。舍利弗晏坐林中，曾受維摩詰的呵斥。神秀是主張漸修的，當時坐禪的風氣，盛行一時。六祖是不贊成晏坐看淨的，所以對此種禪法，有所批評。胡先生不明瞭當時的禪風，拿這一段公案，移作神會斥普寂的話，未免少見多怪。最初發明頓悟成佛的本來是竺道生，但他並未說明是怎樣修法，也未提出頓敎的名稱。道生以後，頓悟的名稱，也很少人再提了。達摩祖師來華以後，開始有了不立文字，以心傳心的禪法。但是還沒有頓敎的名稱。同時也還是採用漸修的方式。如達摩祖師的面壁九年，我們當然莫測高深。但從外形看，還是一種漸修。四祖六十年脅不着蓆，也是漸修。又如神秀是主張漸修的，他是五祖門下五百人中的上座。上座的任務，是代長老敎授弟子的。可見五祖時還是漸修，並未標榜頓敎字樣。不立文字的頓敎，是在有了壇經以後，才正式成為一種教團名稱的。所以道生是發明頓教的人，達摩是傳授頓教的人。六祖才是開始弘揚頓教的人，也就是頓教的創導人。胡先生指神會為新禪學的建立者，顯非事實。神會在滑臺弘揚頓教，也是推尊六祖。我想胡先生追贈給他的一頂帽子，他是愧不敢當的。

2心法的傳授：頓教的唯一特點：是直指人心，見性成佛。在師弟授受之際，是以心傳心，不落言詮。六祖與弟子說法，是因才施教：有時從正面講，一聽就懂；有時從反面講：問有將無對，問無將有對，問凡以聖對，問聖以凡對，暗對明，明對暗。看來人的注意點何在，他就知道你心中的執情，儘量替你遺除，使你不存任何偏執。便能接近自性。對悟道弟子的問答，就從各人領悟處作會心的暗示。如對行思問：「落何階段」。對懷讓問：「什麼物？恁麼來」。對永嘉問：「何不體取無生，了無速乎」。其問答語言，局外人無從揣測，當事人一聽便知。此種以心傳心的法門，儒家也有。如孔子對曾子說：「吾道一以貫之」。曾子唯了一聲，孔子不再說什麼，知道曾子聽懂了。這便是心法的傳授。但曾子的門人聽不懂，還要再問。曾子無法用言語從道體上作答，只能從功用上說明：「夫子之道，忠恕而已矣」。看起來好像是答非所問，實在是對了悟不夠的人，只能如此答覆。孔子還有一位高足顏子，對孔子的言教，是不違如愚。這和維摩詰不語，二祖的默立，是同一態度。都是心悟景象。但當時並沒有傳授心法的說法。直到朱子註中庸時才引用程子的話，有「此篇乃孔門傳授心法」一語。「心法」二字，是佛家的名相，儒家的典籍中無此二字。程子的話，是來自禪學的。又程子解釋致知格物一段中，有「而一旦豁然貫通焉，則衆物之表裏精粗無不到，而吾心之全體大用，無不明矣」。便是說明參悟的情形。其中「豁然貫通」四字，更顯明地是指頓悟而言。王陽明因格竹子格出病來了。經過一番困頓，到了龍場驛以後，才有所省悟。六祖頓教的作風，可以說是遠承釋尊和孔子，近承五位祖師，而替宋明學者開闢由參悟而明心見性的天地。

三、六祖的禪學

1六祖的悟境：在未談六祖的禪學以前，應先談談六祖的悟境。六祖的悟境分三個階段：第一個階段是感悟：六祖在廣東聽見有人誦金剛經，一聞經語，心卽開悟。此時的開悟，是由本覺內熏，始覺初生的景象，可以說是一種感悟。凡是初次對佛法起信的人，都是有所感悟的。不過機緣和感悟的深淺不同而已。第二個階段是理悟：這便是六祖作菩提本非樹四句偈語時的悟境。有人以爲六祖在此時卽已澈悟。其實此時只能算是理悟；而且是偏空的。所以五祖說他亦未見性。第三階段才是證悟：五祖向六祖講金剛經至「應無所住而生其心」時，始大澈大悟，驚喜若狂。連說五句何期自性，而且在五句當中，有體有用。如本自清淨，本不生滅，本不動搖，都是談體。本自具足、能生萬法兩句，都是談用。不偏空，不偏有，卽空卽有，才是眞正的見到本性。全部壇經的精義，也都在這五句中。

2心性學說的創導

⑴心體：心性學說，應就體用二者分別說明。現在先談心體。此一問題，在中國最早是尙書所說的「人心惟危，道心惟微」。人心是心的用，因多染欲，故危而不安。道心指心體而言，無形無象，所以微妙難知。當然也不能說他是善是惡。其次是易經所說的：「乾知大始，坤作成物」。乾指本體而言，它是原始的知性。坤指現象而言，它能發育萬物。「寂然不動，感而遂通」二句，也是分就體用言。知性既是寂然不動，自無善惡之分。中庸所說的「喜、怒、哀、樂之未發謂之中」。便是指性體沒有差別的平衡作用。孔子說的性近習遠，也是說性體相同，彼此並無差別，只是習染不同而已。這些說法，都在性體上未加上一句任何有差別性的形容詞。換言之：便是主張性無善惡。到了孟子，才提出性善的主張；荀子又有性惡的主張；揚雄又來一個善惡混的折中主張。佛敎先德智者大師也曾提出性具的主張：認爲闡提不斷性善，所以人人皆可成佛；如來不斷性惡，所以能現惡相以度生。這也是一種善惡混的說法。不過現惡相以度生，動機還是善的，只是一種大權示現，不能說是性具。所以有人認爲性具之說，出自知禮法師。唐代李翺的復性書，認爲人之所以爲聖者性也，所以惑其性者情也，也是主張性善的。朱子認爲人性具備太極之理，所以是善的。惟因氣禀之差而有智愚之別。可以說儒家在孟子以後，只有性善、性惡與善惡混三種主張。孔子以前，不曾提到善惡問題。只有明代心學大師王陽明才主張心體無善無惡。但是此種主張，並非陽明的創見，是承襲六祖的思想而來的。六祖才是第一個主張心無善惡的人。他告訴惠明：無善無惡，才是本來面目。他認爲自性是無一法可得，如果有善有惡，就

是有所得了。他經常說：「不二是佛性」。不二是絕對待之意，卽是眞如體上，一法不立。佛教所以不同於其他宗教之處，就在平等一如的哲理。一是一眞絕待之義，如是不變之義。說一又加一個如字，表示是不變的一。不二是一如的另一說法。一如是表詮，不二是遮詮。因一切語言文字，都是生活經驗中產生的，都有對待。所以一不是孤立的，說一便有二與之對待。老子的「一生二，二生三，三生萬物」。便是指一的動相而言。莊子曰：「一與言爲二，二與一爲三」。卽是說：如果講一，便有二與之對待，講二便有三與之對待。佛家第一義諦，不可言說；孔子不言性與天道；維摩詰以不語表達不二法門；二祖以默立而得祖師法髓。善惡觀念，是從識心產生的，在性體上不能加上任何一種名稱。說爲不二，還是勉強安立的。心體旣無差別，佛與衆生，只有迷悟之分。所以六祖說：「迷時佛是衆生，悟時衆生是佛」。又說：「前念迷卽凡夫，後念悟卽佛。前念着境卽煩惱，後念離境卽菩提」。迷和悟只在一念之間。所以稱之爲頓悟。孔子曰：「我欲仁，斯仁至矣」。和佛家「放下屠刀，立地成佛」，都是頓悟的說明。也是心性的說明。

⑵心用：凡是現象界一切事物，都是心的發用。心體雖是平等一如。但其發用，則是千差萬別。六祖常說：「一卽一切，一切卽一」。一是就體言，一切是就用言。體用本是不分的。所以六祖又說：「自性能含萬法，萬法盡在自心」。此種思想，中國人也是早就有了的，如中庸的「其爲物不貳」，指體而言；「則其生物不測」，指用而言。論語的一貫，也是有體有用。老子的

「道爲萬物之奧」；和孟子的「萬物皆備於我」；陸象山的「宇宙不在我心之外」；程子的「道是宇宙的根源」；和「萬物歸於一理」。都是同一說法。朱子說：「人性具備太極之理，太極是萬理畢具，一切事物，由太極生」。宋儒的理論，都是受了六祖的影響。朱子又云：「太極無不在，各物皆具有一太極。但太極之本體，並未分割，如月映萬川」。這是根據所說法身而來的。至於月映萬川，在華嚴經頌和般舟經內，早就有了的，也非朱子的創見。吉、凶、悔、吝生乎動，衆生的心力，就是一切事物的主動力。六祖在證悟時，深明此理，到了廣東以後，聽印宗講法，有兩個僧人辯論風動旛動問題。六祖說：「不是風動，不是旛動，仁者心動」。這是違反常識的話，不是澈悟的人，不敢有此大膽的說法。吾人在千百年後的今天，研究此一問題，覺得太不簡單。根據以前科學家的說法：眼球內網膜神經細胞上，對外界景物印象，可留存十分之一秒。名爲視覺殘感現象。在第一個印象未消失前，接着第二個景象出現，在神經中樞，並不感覺其中斷，而成連續現象。電影畫面，每隔一秒，更換二十四幅，就成接續的動象。但另一說法：網膜景象未消失的瞬間，另有新景象映入——則相重疊混合。根據哲學的說法：康德稱空間爲外感覺，時間爲內感覺。第六識即是內感官，具有補殘與連續的功能。如見方桌而知其爲四脚，是以過去經驗補充視力的殘缺部份。在感覺上以爲見到桌子的全部。此爲因明學上的比量。如旋轉香火與旛動，均係點的變換。因注意力集中，忽略了由點到點中間的時間因素。將點的變換，連成一線。乃意識的幻覺，此爲非量。如在點與點之間，有了時間的感覺，分點觀察，則動象即不存在。動的景象，照下來的相，都是不動的，便是此理。意識對時間久暫的感覺，本無一定標準。在心情惡劣時便覺得長：如伍子胥過昭關，一夜鬚髮盡白。在心情娛快時便覺其短：「洞中方七日，世上幾千年」。確有此情景。六祖是具有慧眼的人。能了知時間在心理上的因素，所以敢於大膽地說是仁者心動。

(3)心性學說的實踐：東西哲學，有一點大不相同之處：便是西方哲學，是一種思辯哲學，只求能夠符合邏輯，並不重視本人的行持。東方哲學，注重實踐，不尚空談。如儒家的倫理哲學，完全是從生活經驗中體驗出來的；同時也是要人們在生活中去實踐的。佛家重視的是解行相應。王陽明的知行合一學說，便是從解行相應所蛻化出來的。六祖把行分爲身行、口行、心行三種。而特別重視心行，特別強調維摩詰的「直心是道場，直心是淨土」兩句話。他主張心口俱善，內外一如。此即相同於中庸所謂：「合內外之道也，故時措之宜也」。他又主張「定慧等持，以定爲慧體，慧爲定用。即慧之時定在慧，即定之時慧在定。如燈與光，不可分離」。也是解行相應的思想。六祖又特別提出幾種心行的主張：第一是無念。無念的解釋是：「知見一切法，心不染着。用即徧一切處，亦不着一切處。但淨本心，使六識出入六門，於六塵中無染無雜；來去自由，通用無滯」。正如莊子所說的「用心如鏡，不將不迎」。無念並非百物不思。所以說：「若百物不思，當令念絕，即是法縛，即是邊見」。他答臥輪的偈子云：「惠能沒伎倆，不斷百思量，對境心數起，菩提作麼長」。因眞如自性起念，非眼、耳、鼻、舌能念。換言之：六祖是要人斷絕識心上的分別；不是要人斷自性分別。如眼前現見有一桌子，這是自性分別，屬於因明學上的現量。是不能斷的。如見此桌，就想到桌子的好壞問題，就是計度分別；如因桌子而又想到椅子或其他事物，就是隨念分別。這兩種分別，雜有我執和法執，均爲非量，是應斷的。如果有了看淨的念頭，卽是着了淨妄，也是障蔽自性的。六祖曾經特別強調這一點。程伊川認爲「主一之謂敬，無適之謂一」。有了一個敬字和一字，便是着了淨相。所以他的功夫，還不到家。有一次他坐船遇着大風浪，船上的人，都很害怕，惟有他一人正襟危坐，若無其事。風浪停止以後，大家問他何以不怕？他說他在用心做工夫，所以不怕。大家又問船伕何以也不怕？船伕答云：「程先生是用心不怕，我不知道用心，所以也不怕」。伊川一聞此語，就有所省悟。第二是知非：吾人終日在現實生活中活動，當然免不了人我、是非、得失之心來纏繞我們。因之識心易起分別，與自性不能相契。所以六祖主張：「常自見己過，與道卽相當」。他又說：「自心常起正見，煩惱塵勞，常不能染，卽是見性」。等於劇中人雖扮演忠奸人物，他的本性不變。知道自己的演出，是一種幻相，就不致爲幻相所縛。但六祖對於別人的善惡，是不加分別的。他常說：「不見世間過；見一切人善之與惡，不取不捨，亦不染着，便是自性不動」。既是能見自己的過，何以又不見別人的過呢？這兩句話從表面分析，是不免矛盾。其實是一個道理。因對別人是直接從自性上去認識的，也就是對世間一切事事物物，都視同幻相，知道都是由自性所顯露的，故不起分別心。比如目的只在看水，雖波瀾起伏，千變萬化。在意念中只有水的印象。至於對自己的過失，存有警惕作用，惟恐以妄爲眞，障蔽自性。所以特別注意。因此就多了一層分別心。第三是不着空：六祖對空的解釋，並非空無所有的頑空。他認爲：「世界虛空，能含萬物色像，日月星辰，山河大地，……惡人善人，惡法善法，……總在空中。世人性空，亦復如是」。佛家說空，有時爲了遣執；有時是指無自性而言。因自性的定義，是本來具有，而又永遠不變。必定要空無自性，才有可塑性。如木形是空無自性的，所以能雕刻成各種形像。朱子認佛家是空無一物。而不知佛家的空，正是朱子所說的萬理畢具。六祖以能含藏一切爲空，即是此理。他怕人着了空無的執。所以說：「佛法在世間，不離世間覺，離世覓菩提，猶如求兔角」。他認爲把世法盡到了，便是修行。坐禪、持戒、出家都不是必要的條件。所以說：「心平何勞持戒，行直何用修禪，恩則孝養父母，義則上下相憐，讓則尊卑和睦，忍則衆惡無喧」。這些道理，非常平凡，並無高深玄妙之處。這和孔子論仁所說的「居處恭，執事敬，與人忠」。同樣都是平凡的世法。

四、語體文的創導

中國學人，自孔孟以後，只有漢儒崇尚訓詁，喜精研義理。但只是曇花一現。自漢以後，兩晉南北朝時代，崇尚文學，駢體文字，盛極一時。唐代文體雖變，但學人仍以研習詩文爲其唯一目的。稱文人便可以代表學人。當時文字學本不易工，而譯經文字，尤艱深難解。除少數高僧大德外，甚少研究心性學理與實踐者，即是受了文學的影響。六祖壇經，接近語體，比較易懂。在文學史上爲一大革命。後來禪宗公案，和宋明學案，都是仿壇經的體例。宋代以後的小說，都採用白話文，也是受了壇經的影響。這在中國文學史上，是一個劃時代的創舉。此一成果，當然不在六祖的本身。但飲水思源，仍不能不歸功於六祖的口述。

五、結　論

六祖是一個不識字的人，他對於古聖先賢的經論，無法屬目，也就無法學習。但是他具有夙慧，能夠聞一知百。不僅是理悟；而且是證悟。在思想與言行上，不僅是與佛家儒家的先聖契合。而且更能發揚光大。使後代的學者見到他深入淺出的一些法語，而樂於從事心性學說的研究。在中國文化史上，寫下了光輝燦爛的一頁。爲往聖繼絕學，爲後學作導師，這便是我們的六祖和他的壇經。

康德知識學說與唯識

一、知識體系

康德以統覺與空間、時間爲先驗形式。是一切知識所必具的先天條件。對象、範疇、感性或悟性，則爲構成知識之三大要素。此爲康德知識成立之體系。

圖中三角形內包含的對象、範疇、感性，即是說明知識的整個形態。圖型是範疇內在地影響感性能力時所通過之條件。外圓所包含的空間時間統覺，是知識的先驗形式，是本來具有的，爲含攝一切知識的框架。以下再就康德的知識學說與佛家學說對列，加以說明與探討。

康德所稱的對象，指色法而言。即器世界所具有的色、聲、香、味、觸五塵，屬於相分範圍。感性所生的爲直覺，即外感官與對象接觸時所生起的感覺作用，有視、聽、嗅、嘗、

先驗形式圖

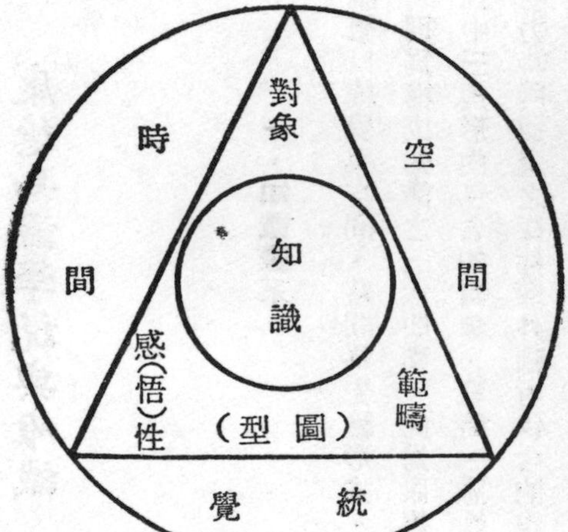

種，屬於前五識之現量。但雜有錯誤的認識時，卽通非量。由悟性所生起的：一爲概念：概念爲非直覺的，而爲想像的，屬於第六識的比量。一爲觀念：係在想像時雜有情見成份。（指我執而言，相當於觀念。但用情見二字，比較恰當）。屬於第七識的非量。此點爲康德所未提到者。範疇相當於量果，以能緣之心，緣所緣之境，而了知其結果，稱爲量果。此卽康德所謂：「以悟性概念之主觀形式，（範疇）應用於感官所供給之客觀對象而成知識」。與量果同一意義。乃心物相交之形式，所謂卽色卽心是也。對象屬於相分，凡有助於了解的，都屬見分，感性、悟性、範疇皆是。空間、時間，本屬相分。依康德之先驗形式，則屬見分；依分位假義，則相分見分均可列入。自證分係知

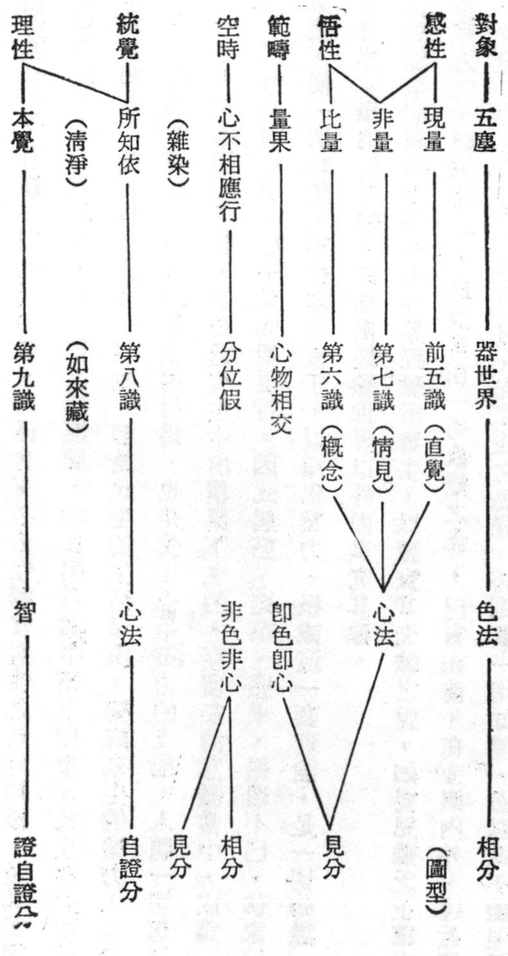

識的本體，故以統覺歸之。證自證分，是感覺的秉賦。即知性所由生。惟理性足以當之。上表並不涉及康德的全部知識體系，也非唯識學說的全部體系。只是就兩種學說所採用的一部份名相，擇其類似者作一對比，以作討論的參考。

二、先驗問題

康德以先於經驗之要素，爲先驗之定義。凡知識不直接接觸於對象的本身，而在求所以先天的認知此等對象之方法者，稱之爲先驗的知識。又稱先天知識。爲不待感官印象而生之知識。即不待任何經驗而生之有條件的先天知識。乃係含有必然性與普遍性之純粹知識。是其所謂先驗，相當於本能之說。唯識家認爲人類一切生活經驗，均在第八識中留下印象。此生軀殼雖毀，而第八識仍帶着受熏種子趣向來生的另一軀殼。即是此生的生活習慣，變成來生的業力，（潛在的動能）以指導其行爲的方向。同樣地此生的行爲，也是受了前生業力的支配。人類一切超過理智的情感，和一些所謂本能的習慣，都是過去生中所積累下來的，存留在潛意識當中，成爲一切行爲的原動力。現行熏習種子，種子又熏習現行。因此起惑、造業、感果，循環不已。佛家即從現行處截斷衆流。使一切雜染，不復熏習種子，以淨化業力。根據這一套理論，是一切知識，皆不能離開經驗世界。康德的先驗，則推出經驗世界以外而莫究其源。

康德認爲空間與時間爲非由外界經驗所嬗生，以證實其先驗之說。如嬰兒雖乏正確之距離觀念，然喜則近之，惡則遠之。足證其在一切直覺之先，已有在前、在旁與內外、遠近等空間觀念。對於時間，在其他知識之先，已有在先在後之感覺。否則其一切知覺，必混亂不能連接而無秩序。實則類此事件，不僅空時爲然。如嬰兒之吸乳，亦不教而能知，即其一例。衆生無始以來，軀殼與環境雖有變更，而相伴之空間與時間系列，則永恒如斯。食物之由口而入，亦永恒如斯。習之已久，自與理性合一。實際上空間觀念之形成，係由物質之塡充而起。如抽出一切物質，不見其延積之相，則空間之相，亦不可得。時間觀念之形成，由於心物之變動系列而生。如使心物凝如止水，則無時間可得。唯識家認萬法唯識，一切皆由心識所顯現，而心識又受經驗之驅使。凡直接的心象，乃經驗之顯現或投影，故當感性（前五識）推動理性（第八九兩識）時，卽從理性中映射出來而投射至悟性（第六識）中，經意識之過濾而投射至外界。此理性卽過去生中之經驗，習與性成，變成吾人之潛在理性。空時之經驗，卽此類也。空時在百法論中屬於二十四不相應行所含攝。雜集述記云：「不相應者，不相似義。不與色心等體義相似故」。廣論云：「謂依色心等分位假立，謂此與彼不可施設異不異性」。因色心皆有實自體，分位假則非有體。所謂分位，指時分與地位而言。卽一切事物或其生滅變化之時分與地位，是顯示假立法之詞。如波爲水之鼓動分位。故波爲假立於水之分位者，離水則波無實體法。此種分位假法與所依色心法，不可說定異，卽是色心上之分位故；又不可說定不異，畢竟是色心上之分位而不卽是色心故。（見佛學大辭典）依此解釋，空時二者，爲卽色卽心，而又非色非心。如依康德之說，則空時應有獨立之自體，於理未合。關於此一問題，另文探討。

三、統覺問題

康德認爲現象界之一切事物，皆極雜亂。因有統覺，始能將雜亂之事物納入範疇以內，使成爲概念。有了概念，始有認識。此統覺卽爲自我。康德以統覺爲認識之主體。一切知識，皆在統覺之中。是統覺的意義，相當於唯識家之所知依。通常亦稱所知依爲見分，其意義卽一切知識之所依托。所不同者，所知依係指第八識而言。康氏以我爲統覺，係偏指第七識而言。二者在形式上實有差異。但第七識係內緣第八識之見分爲自我。而第八識中所執藏者，爲一切現象之種子；第七識卽係以第八識所藏之染汚部份爲其自體。是就現象言：七八兩識原爲不可分之一體。所知依原係以現象界之事物爲對象，卽謂其依於第七識亦無不可。佛家有的立六個識，有的立八個識，有的立九個識。實際上識只一個，不過因作用之多寡而開合不同耳。康德雖不知有受熏持種爲見分所依托之第八識。然其統覺之義，與見分之作用完全相同。康德謂自我（心靈）祇是先驗的理念，爲構成一切判斷之邏輯的主體，而非實際的存在。唯識家之所謂種子識，也不過是一團曾受熏習的勢用，非有獨立不變之固體，亦相當於康德之所謂統覺的自我。但旣稱統覺，則凡在統覺以外的事物，都是被覺知的對象。所有空間時間，也都應列入對象之內。不應與統覺鼎足而立，都作爲知識之先驗形式。如依能所一如之義，則對象亦在統覺之中。不僅空間時間爲然。唯識家雖將知識體制，分列相分、見分、自證分、證自證分四種，其中自證分與證自證分是內部理性活動過程；而其對外的覺知的主體，只有一個見分；被覺知的對象，亦只有一個相分。以相分**爲所量，見分爲能量，自證分爲量果，證自證分又爲自證分的量果。除相分與見分外，其餘兩個**

證分，都是量果，只有程度上的深淺，並非平列的。空間時間，同是相分，如作爲認知的先天形式，是在統覺之外，尚有覺知，於義欠允。

四、範　疇

康德以悟性形式，是判斷中的一種思惟機能。在思惟機能中具有原始綜合作用的純粹概念，作爲使用判斷的標準意念，即亞里士多德所稱的範疇，共分四類十二種：

一、量：單稱（單一性）偏稱（多數性）全稱（全體性）

二、質：肯定（實在性）否定（虛無性）不定（限制性）

三、關係：斷言（實體性）假言（因果性）選言（共存性）

四、程式：或然（可能性）實然（存在性）必然（必然性）

康德稱這些範疇，屬於先天性的純粹理解。吾人在思惟的過程中，使客觀的對象能符合先天形式而無差誤。換言之：將立於經驗以外的形式，施用於經驗之中，在客觀事物界以內，而悉能中效，爲一不可思議之事。此一問題，當從兩方面討究。一是範疇的準確性，唯識家建立五法，作認識的分類：

㈠相：即客觀事物。

㈡名：即事物的符號，屬於概念中的表象。

㈢分別：卽推理判斷。

㈣正智：卽理性，對現象與本體之認識，有雜染淸淨之分。

㈤如如：指覺性，卽最高理性。

上列五種：前三種屬於識的範圍；第五種屬於覺性範圍；正智則介乎二者之間。範疇之運用，只及於二三兩種及正智的雜染部份，屬於識心的範圍。識心是具有我執的。我執分爲俱生我執與分別我執兩種：俱生我執是過去生中的習染，乃先天性的，卽康德所指的先驗。分別我執，屬於後天性的。我執都是起於妄見。妄見又有別業與同分兩種：別業妄見，是個人所具有的，卽主觀部份，屬於第七識。同分妄見，是大衆所共同具有的，卽客觀部份，屬於第六識。範疇爲同分妄見，並非最後的眞理。因眞理是絕對待的，非分別的。康德用統覺爲樞紐，以統一主觀的概念與客觀的對象，而賦予範疇以「先天的形式」。實際上範疇也是由多生的經驗積累而成。其效準的可靠性是有問題的。二是使用範疇的準確性：唯識家將感性悟性與對客觀事物的感覺性分爲三種：(1)徧計所執性：卽由感官的錯覺或悟性雜有情感時所認定的物性，是虛妄不實的。如認繩作蛇之類。(2)依他起性：卽吾人所認定之事物，並非物之自體，乃由各種不同之關係條件（因緣）所結合而成者。如知繩之爲繩，而不知繩乃蔴所作成之類。(3)眞實性：卽物之自體。如了知蔴雖結成繩相，而蔴之自性不改之類。吾人感性和悟性的活動範圍，只能到達一二兩階段。惟有聖者，才能直認本體。縱令範疇可作客觀性的效準用在對象上，但非每人的悟性中永恒和普遍地能保持此種先天形式，施用在對象上毫無差誤。吾人從唯識家的五法三性及我執的分類當中來討究範疇，可以得到結論：便是範疇產生於衆生共同的分別心。然而離開無分別的本體，就現象而言，範疇乃是一種自性分別，畢竟是虛妄對象的效準。在知識學中，有其重要的地位和研究的價值。這是不可否認的。

五、圖型問題

康德的圖型論，也是繼範疇論而產生的一種創見。但圖型論語多晦澀，不似範疇之說理明析，也相當於唯識家所談之相分。易生誤解。唯識家認爲一切現象（器世界）皆爲阿賴耶識中所具有之相分。卽陸象山所謂宇宙不在我心之外。但心識爲人之大腦神經，一切心外之物，何以爲大腦所具有？依常識判斷，實爲不可能之事。康德之圖型論與唯識之相分，可以互相說明此理。康德將對象括入概念，使對象之表象與概念之表象相類似。如盤之經驗的概念，必與圓圜之純幾何的概念相類似。否則盤所表象之圓形，無由依圓之直覺而知之。此純幾何之概念爲範疇。盤之經驗的概念爲現象。範疇之適用於現象，必有一中介表象作二者之聯系，表示範疇與現象爲相似。此中介表象，爲理知與感覺之合一，卽範疇內在地影響感性能力所通過之時間條件。康德稱爲先驗的圖型，或譯圖式。

康德認想像之活動，可分爲兩種：卽一爲創生的想像，一爲重造的想像。創生爲想像能力之純粹使用，是爲圖型；重造爲想像能力之經驗使用，是爲意像。圖型雖爲想像之範疇，但係想像之超驗使用。（超越經驗）佛家以第六識所緣之法塵，（經驗界事物）爲前五塵之落謝影子，卽指想像之重造而言。亦卽經驗之使用。至於相分，爲第八識（卽心靈深處）所現之境，與第六識之以受經驗與料之刺激而活動者不同。唯識家以心者慮知之法。慮知之法，必有所知之法隨伴而生。在心生時，心之自體自轉變而現所慮所托之境，此名所慮所托之境分。相者相狀，卽心起時浮現於心前之相貌。其不同於第六識者：因相分屬於第八識心體之一部份，由此心體所含藏之種子——五根器界之體性，而變爲所緣之境相。第六識乃由第八識心體所起之用，只向外緣塵境，而非如相分之由內變現也。所謂理知與感覺之合一，只能適用於相分。第六識所緣者旣爲前五塵之感覺經驗，只受理知之控制，其本身不含理知成份，故不能擬之爲圖型。康德一方面認圖型係想像所生，而又認圖型爲理知部份的先驗產物，是誤以悟性爲理知。卽將六八兩識之活動作用混爲一體也。然所謂理知，仍係識心用事，乃「知見立知」之後一知字，非覺海中所具有之知見也。換言之：卽仍是經驗之與料，而非理性所本具。康德認圖型爲非經驗之產物，係拘限於此生而言。佛家之所謂「前塵落謝影子」，亦指此生而言。實則由賴耶所起之一切功用，皆來自後天之習心。經多生之熏習而深藏於種子識中，遇緣顯現。「無明不覺生三細，境界爲緣長六粗」。是無一而非後天之產物，相分自不例外。特在此生視之，則爲先驗耳。

六、理性問題

康德認爲一切知識，始於感官，進入悟性，而終成於理性。理性是最高的認知能力。但理性不涉及對象，因之不能直接構成知識。又謂理性能涉及理解，並能推動理解，爲形成三段式推動之能力。可以看作一種有補助作用之認知能力。康德對於悟性與理性之區分：謂悟性所討究者爲求知之規則。理性所探求者爲知識所涵之最高觀念。前者的概念在了解，後者的概念在通觀。理性概念，卽是最高觀念，亦卽先驗的理念。理性對理解的有條件的知識，尋求一無條件者。其觀念爲統攝性的觀念；而且是超驗的觀念。康德對理性下了許多的定義，並用了許多的形容詞說明理性的功能。但是根據唯識學加以研究。康德的理性，仍是識心的最高階段，而非如康德所說的「理性卽是智性」。唯識家的八識，本含有雜染與淸淨兩個種子：一是識的範圍，一是智的範圍。性宗將後者列入第九識內。前表爲了便於說明理性起見，故採用性宗的第九識。因理性產自本覺，不屬雜染。依唯識的五法分析：最高理性，應屬如如部份。而康德之理性，旣具有推動理解的能力，卽是分別心之所由生。仍屬識心範圍。其理性雖只用概念與判斷，不涉及對象與經驗，但不能超越比量範圍。佛家的最高智慧，——(第一義諦)惟證方知。是最高的理性，只能證悟，不是理悟的。康德認理性僅是思考的，不及實踐義。是將理性拘限於理悟範圍以內，自不同於智性。唯識家的轉識成智，由前五識轉爲成所作智，能自在無礙，由第六識轉爲妙觀察智，能知諸法緣起性空之相。有了這兩種習性，能破除我執，了知心、佛、衆生，三無差別。由第八識轉爲大圓鏡智，成萬德之總體，才是歸入智海。康德的理性，只限於妙觀察智的一部份，而又不及物如。等如了知緣起之理，而不悟性空之理。因康德是始終以經驗界爲知識的園地。故理性的純粹概念的箭頭，也是指向以經驗爲對象的理解，而不能指向物自體。(物如)

康德認定理性的本身是無條件的，(絕對待)本體歸於理性；但不爲理性所認知，而是源自理性。因本體亦爲非對象的實有。康德此種體認，確能了知一眞法界，爲絕對待的實相無相，也體會到能所一如的境地。因此他否定了以自我爲主體的心靈理念，以現象爲主體的宇宙理念；以上帝爲主體的神學理念。這些都是由先驗的理念中所產生的幻相。此不啻對西方傳統的形上學投下一顆毀滅性的巨彈。可惜在其實踐理性批評中，依然承認了靈魂的不滅和上帝的永存。這是由於不能了知無分別的眞如境界，又不能了知雜多的現象，皆爲眞如所顯現。在唯識學中：前者爲如理之根本智，後者爲如量之後得智。自非康德所能體會得到。所以一旦接近眞理的邊緣，又退了下來，而誤入歧途。

七、結　論

西方哲學，有幾個共同特點，不同於東方哲學，尤其是不同於佛家哲學。(一)是西方哲學向外探索本體界：現象界的虛妄不實，久爲西方哲學所公認。以往物質不滅之說，自發現核子以後，亦被推翻。近年以來，又發現核子之跳躍，不循一定之軌道。現象界事物，一切無常之理論，已被科學證明而爲哲學家所接受。但是離開虛妄不實的經驗世界，總應該有一個眞實的本體世界和支配萬有的總主宰。眞實的本體界，一定是存在於現象世界以外，其中有超人類智能的救護者，因此爲人們所嚮往的樂園。但是這個樂園和救護者，卻永遠是一個謎，可望而不可及。佛家的主張是：「萬法唯識，三界唯心」。儒家的看法是「萬物皆備於我，一切反求諸己」。所以佛家的結論是：「平等一如，心、佛、衆生，三無差別」。儒家的結論是：「合內外之道，上下與天地同流」。都是向內探索本體界，而不是向外探索。這是東西哲學最大歧異之處。㈡是西方哲學，重知解不重行解。西方研究形上學說，都是爲了求知識，不是爲了求實踐。只要議論合乎邏輯的要求，說理明澈，能作大衆研究的參考。就算滿足了求知的願望。東方的哲學，是在求言行的一致。能言的必是能行的。如儒家的知行合一，佛家的解行相應，都是同一主張。尤其佛家所談的最高眞理。都是由證悟得來的。第一義諦，非言語文字所能表詮，惟證方知。因言語和文字，都是經驗界的產物，以之表詮超經驗的眞理，自無法契合。先哲有一巧譬：謂語言如果能代表眞實事物，則說火時口應被焚，說刀時舌應流血。西方的思辯哲學，僅憑歷史的與料或個人的幻想，推斷最高眞理。康德的智慧，雖是超越西方的傳統形上學家，但是他僅憑個人深度的思考以探索眞理，而不能用身心去求證驗。雖是接近眞理的邊緣，而又不敢自信。於是又回轉頭來，仍走上傳統形上學家的舊路。㈢是西方哲學，過於執實，不能變通。不知宇宙一切現象，自有而之無，自無而之有；一爲無量，無量爲一；固體變爲液體，液體爲氣體。無有一物，不在變化中。過於執實，則有礙而不得通。故有我執者，則爲我執所礙；有法執者，則爲法執所礙。儒家之無意、無必、無固、無我，卽是排除一切執礙。唯識學於談五法三自性以後，繼之以三無性。於談八識以後，繼之以二無我。無自性與無我，皆同一義。卽自在無礙之謂。西方學人，認現象界永遠不同於本體界，自我永遠不同於上帝。乃至心物的觀念，亦復如是。康德亦自受此影響，不能掃除人我執與法我執的障礙。一切以自我爲出發點，以經驗界爲範圍，以上帝爲依歸。有此種種因素，使康德的知識學說，不能於百尺竿頭，再進一步，良爲可惜。但在西方哲學中，最爲接近唯識學說者，莫如康德的知識論。其中有不少獨到之處，足供研究唯識學說之參考。誠不失爲西方哲學鉅子。筆者對於康德學說，並無深刻的研究。在本文中所提到的幾個問題，並未涉及全部康德的知識學說，自不免於有斷章取義之處。且對於康德知識學說，有些深邃的地方，有些莫測高深，更不敢有所批評。爲了喜愛康德學說，因就自己所未能澈底了解的一些問題，提出來加以討究，以就正於有道。

以佛學解大學

大學一書，爲儒家思想發用之書籍，條理分明，脈絡貫通。朱子分爲三綱領，八條目。除在篇首曾經分別提示外，以後並分章發揮綱領與條目中的意義。惟介乎綱領與條目之間的止、定、靜、安、慮、得六個字，究竟屬於何類，原書未再加說明與發揮。包括朱熹在內之各註釋家，均認爲這六個字是發揮「止」字的功用，實屬大誤。就三綱領而言：明德、新民、止於至善，均同樣重要，何以單詮釋一個「止」字，而忽略了明德與新民呢？這不免有輕重倒置之嫌。

其次，就全書而言：在八條目之後，有康誥曰：「克明峻德，……」湯之盤銘曰：「苟日新，……」詩云：「邦畿千里，……」三段，才是正式詮釋三綱領的文字。「止」字在「邦畿千里，……」一段中既是有了詮釋。（子曰：「於止，知其所止，……與國人交止於信」。）無端又在綱領與條目之中夾雜一段詮釋「止」字的文字，這是非常不合理的事。

再次就字義而言：各註釋家的註釋，均以「知止」之「止」字，即是與「止於至善」句中之「止」字，其義相同。此為根本錯誤之處。依鄙見的臆斷：「知止」之「止」，係就工夫而言。相當於佛家所謂「止觀」之「止」。「止於至善」之「止」，係就所到的境界而言。相當於佛家之「安住」與「安忍」。「至善」為境界之最高者，既能安止於最高境界，即便是「得」，何以又需要經過定、靜、慮、安的四個階段，始有所得呢？於義欠允。因此不能使人同意。

茲擬大學與佛學對照表解如下；表內雖分列三層，而精神原屬一貫。

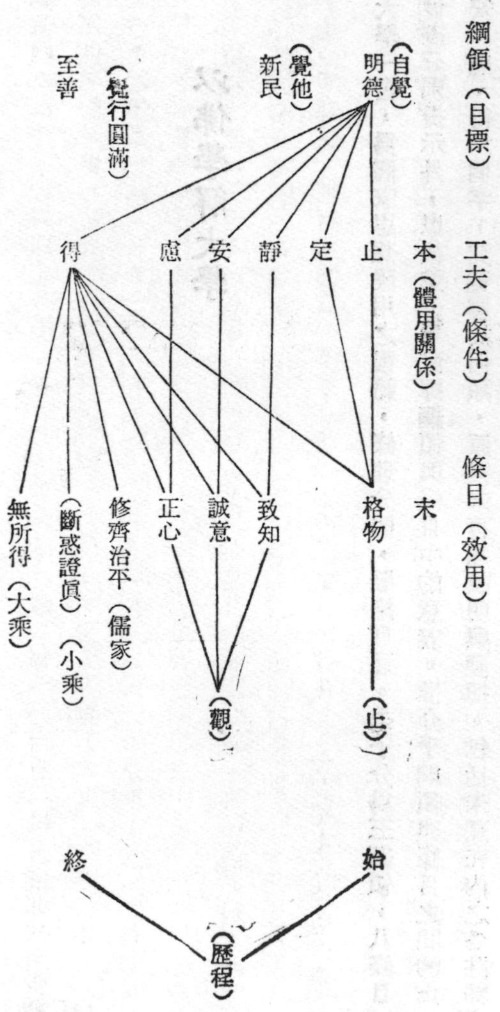

綱領猶如目標，條目即是效用。止、定、靜、安、慮、得，乃奔赴目標，發揮效用所應具之內在的條件。即是修持功夫。故介乎綱領與條目之間。大學中「物有本末，事有終始。」二句，為承上啓下之聯貫句法，多為一般人所忽視。上句之「物有本末」，兼指工夫與條目之體用關係而言。下句之「事有終始」，則指綱領中由「明德」至「至善」，工夫中由「止」至「得」，條目中由「格物」至「平天下」各層中之歷程（時間的順序）而言。蓋「本」為內在的靜的性德，「末」為動態的行持或外在的事功。中庸所謂「自誠明」，是由誠到明，即指體而言；「自明誠」，是由明到誠，即指用而言。儒家有時以內外二字代表體用，亦猶佛家之稱理與事，性與相，心與物，或本覺之與始覺。如「合內外之道也」；與「仁內義外」，及「內本外末」皆是。宋儒所稱之理氣，亦指體用而言。又「物有本末」之物字，相當於內典中之法字，兼攝上下兩節。儒家用物字，有時代表性體；有時代表事相。亦如佛家的法字，有無為法與有為法之分。如中庸「其為物不貳」之物字，即指上文之「天地之道」而言。屬於性體，不能解作事物之物。下句之「則其生物不測」之物字，則係指事物而言。故上一物字代表體，下一物字代表用。雖同一物字，而有體用之分。儒家之原始哲學書籍為易經，係以乾坤二字代表體用。如「乾知大始」，即指覺性而言。「坤作成物」，即指事相而言。亦是體用併舉。因體用本為一體的兩面，只有動靜之分，如燈之與光，互為因果。唯識家將八識分為見相二分，通常亦稱能所。雖同為心法範圍，而有動靜之分。靜者如能發光的燈，動者如燈所發的光。雖有見相或能所之分。但不能單獨存在。本末二字，僅係異名同義，亦應作如此解釋。故上句的「物有本末」，是同時存在的空間形式；下句的「事有終始」，則屬於時間形式。此爲首當辨明的。

三綱領與八條目，在大學中除篇首提示外，以後均另有發揮。而止、定、靜、安、慮、得六字，在書中一見之後，不復再見，似與體例不合。此無他，因孔子不言性與天道。如論語中凡談到道與仁，（性體）均不作正面解釋。只教人在行爲上努力。如「忠恕違道不遠」；「夫子之道，忠恕而已矣」；及「不知其仁也」等等，都是以實踐的功夫，解釋道字與仁字，也就是談用不談體。等於評論人心的好與壞，是以行持作標準。因心是靜止的體，本無善惡之分；行持是動態的用，可以辨別善惡與是非。又如「天何言哉？四時行焉，百物生焉」。也是談用不談體。第一義諦，本不可言說。如來說法四十九年，自謂不曾道着一字。孔子之不言，正孔子之知言也。八條目皆所以解釋性德，亦如談忠恕卽所以談道。談事功卽所以談仁也。也等於談光的強弱，卽是談燈的效用。此點當於無文字處求之。卽不難明體用之分。

次就表列各目分別說明。三綱領之含義，與佛法之含義，完全相同。佛爲覺者，有自覺、覺他——覺行圓滿三義。大學之「明德」，就是覺義；「明明德」卽明心見性，亦卽自覺之謂；「新民」卽覺他之謂，「止於至善」，卽覺行圓滿之謂。又本與末旣爲一體之兩面，卽應互相配合。但在形式上則又不必完全一致，因有深淺次第之別也。如在止、定、靜、安、慮、得之上，冠以知字、有字、能字，均爲抽象的形容詞，不含積極作用。乃是說明靜的體性。係在喜、怒、哀、樂未發時的景象。八條目之上，冠以格、致、誠、正、修、齊、治、平的動詞，是就有所作爲而言。均是積極的，爲喜、怒、哀、樂已發時的景象。前面略已說明。條件分爲六種，而效用分爲八種，其中有開合的不同。內典中關於色心問題，常採此種方式。如色有有表、無表、大種色、大種造色……之分，心有受、想、行、識之分。當於開合中以求配合。爲研究此一問題之重要關鍵。以下當再就六種工夫之含義，分別詮釋。

止與定：卽條目中之格物工夫。儒家對於格物二字之解釋，甚爲紛歧。以朱考亭、王陽明兩派爲代表。實則兩說各有其近似之處。如綜合兩說，卽可完成格物之義。王氏謂：「格者，正也，正其不正，使歸於正」。此相當於佛家止觀之義。止字在佛家爲主要之行持工夫，乃遣相工作。先使此心不爲物累，始能停止識心活動，能見到本性。所謂：「時時勤拂拭，不使染塵埃」。卽此意也。朱氏解釋格物爲「卽物窮理」。王氏謂：「朱氏以心求理於事事物物之中，析心與理爲二」。後儒亦多謂朱氏爲向外馳求。此乃誤解朱氏卽物之義。細析朱氏所謂：「窮理至極，乃豁然貫通」。則卽物窮理，類似禪宗之參疑情。一旦開悟，乃有理事一如景象。則無物非心。此相當於定字工夫。至此境地，便有「本來無一物，何處染塵埃」之感覺。王氏是在心中找物，做的遣相工夫；朱氏是在物中找心，做的證性工夫。就心與物之關係言：以「止」爲掃相之手段。所謂正者，以心正物，故謂之止。就心之本體言：以「定」爲見性之手段。所謂「至」者，事至於理，故謂之「定」。二者同具格物作用。惟需合止與定，始全其用，朱王二氏，各有所偏耳。數百年來，儒者均以朱氏之格物為道問學；王氏之格物為遵德性。是淺乎視朱氏也。專就窮理而言，可以作如此解釋。但朱氏說明係竊取程子之意。根據朱氏語錄，又不盡然。當另文說明。（見佛敎唯心哲學與儒家思想論文）

靜：靜字的工夫，相當於條目中之「致知」。靜與動為對待名相。首楞嚴經謂：「澄寂名空，搖動名塵」。一切衆生，自性本屬清淨，具有如來智慧德性。自無明妄動，識心用事而有攀援。此心不復寧靜。「知見立知，卽無明本」。眞心旣動，遂由本覺而變為不覺。故不識元明，乃客塵所蔽。如明鏡蒙塵，失去照的功用。要想回復本來具有的覺照功用，須由始覺的工夫，以復本覺。佛家所主張的由照而寂，卽止而觀。有了寂照同時，止觀雙運的工夫，便是捨動趣淨，使知見無見，復其本智。至此境地，便是「根塵迥脫，靈光獨耀」。可以明心見性。也就是大學所說的「致知」了。此知不是知識的知，乃覺知之知。卽明德是也。故致知卽是明明德。

安：安的工夫，相當於條目中之誠意。安字在內典中有安住、安忍、輕安種種不同的用法。「止於至善」之止卽「安止」之義。也同於佛家之「安住」與「安忍」。是靜字深一層的工夫。換言之：不僅是到了不動的境界，且是安住於不動的境界。心經所謂：「心無罣礙，……遠離顛倒夢想」，皆是「安」字的景象。此乃菩薩境界。所以反應在心意中的便是誠。儒家是以至誠為修養的最高境界。「安」為靜的極處。乃本諸性德之自然。而不攙雜絲毫情識成份在內。如果雜有情識的成份，則帶勉強而不能安。其反應在意念中的也不是誠。誠字在大學中解釋較少，中庸中較詳。如「自明誠，謂之性」，及「誠者天之道也」，「不動而變，無爲而成」等語，皆有生知安行之義。亦卽安止之義。周子解釋至誠云：「寂然不動，感而遂通」。上句言體，卽安字之義。下句言用，卽誠意之義。所謂心物一如，卽足以說明安與誠意之關係。

慮：慮的工夫，相當於條目中之正心。此一慮字，當作靜慮解，卽佛之禪那，非通常所指之思慮也。思慮爲識心活動，雜有過去生中之業習及一切物欲。卽「有所忿懥，……則不得其正」。必須排斥一切情感活動的靜慮功夫，才能得到正心的效用。李翺所謂「情以惑性」，卽指識心而言。熊十力稱之爲習心，卽本諸性近習遠之義。至靜慮則爲捨去識心之正念，卽止觀之觀，寂照之照。乃般若之眞智發用，了知法性本空，不爲物累。超越世法中之一切對待觀念，入於解脫之自在境界。心經所謂：「遠離顚倒夢想，究竟涅槃」，也就是由安而慮，掃除雜念，離相證性的境界。儒家雖以入世爲目的，仍以「去人欲，存天理，」爲修身之必要條件。能靜慮則心自正，而不爲物欲所蔽。然後乃有所得。

得：「得」字爲承上啓下之用語，具備止、定、靜、安、慮、得的工夫，則能得到格、至、誠、正、修、齊、治、平之果，亦卽止於至善之意。此儒家之最終目的。惟修、齊、治、平，純就世法言。二乘人以涅槃之寂滅爲得，則專就出世法而言。大乘佛法，則以了知諸法平等爲得。雖有所得，而實無得，以體用不離故。因有得則有能所；有能所則體用分離而有對待。故大乘人入涅槃而不住，視世出世法，無有差別。如華嚴經云：「佛法不異世間法，世間法不異佛法。佛法世間法，無有雜亂，亦無差別。了知法界，體性平等」。故大乘佛法之精神，不僅視世出世法，平等一如；且視心佛衆生，三無差別。而儒家則採人本主義，言生不言死。對於同類之中，又係愛有差等，施由親始。同一得也，而有修、齊、治、平之始終次第。故雖主張格物，而物終不能格。因修、齊、治、平、本、末、始、終卽物也，以物格物，是以得爲得，雖主張致知而知終不能致，雖主張誠意而意終不能誠，雖主張正心而心終不能正。皆爲物欲所蔽故也。大乘佛法之平等精神，是以無所得爲得，故視一切法性平等，無差別相，此儒佛之大別也。

以上所述，是否有當於義，不敢自信。秦火以後，周代以前典籍，多非本來面目。學庸自亦不能例外。竊疑大學「知止」一段前後，難免有脫落文句。學者望文解義，牽強附會，使先德之微言大義，隱沒不彰。心有未安。爰卽佛家體用之旨，爲之比較疏解，以作研究之參考。

心識問題的研究

（臺北師範大學講稿）

心識問題，是一個相當複雜的問題，他包括了哲學上的知識論、認識論和心理學等。現在擬就心識的分類及其活動的情形，分別予以探討。並對九個識的作用和人類大腦的關係，提出一個假說，作研究的參考。

所謂心識，就是我人精神的內部活動和認識外界事物的作用。有時單稱爲心或識，意義也相同。詳細的分別，識有九種：第一是眼識，第二是耳識，第三是鼻識，第四是舌識，第五是身識，第六是意識，第七是末那識，（執我的）第八是染識，第九是淨識。這是九分法。前八識都是雜染的，只有第九識是淨而不染的。但通常都將第九識併入第八識以內，合稱阿賴耶識，這是八分法。阿賴耶意譯爲藏，是含藏過去無數生中一切染淨種子的心識。小乘佛派把七八兩識併入第六識內，這是六分法。就四蘊而言；受爲感覺作用，是前五識；想爲取象作用，是第六識；行爲意志活動，是第七識。四蘊中的識蘊，爲了知事物之心的本體，兼有第八識及各識的功能。這是四分法。或將第八識稱爲心；第七識稱爲意；第六識稱爲識。就成了心、意、識的三分法。若將第九識稱爲眞心，前八識稱爲妄心，就成了二分法。心的分類雖多。但眞心只有一個。卽眞如佛性是也。或稱法身、實相、妙明眞心，……皆異名而同體。首楞嚴經云：「不知色身，外洎山河，虛空大地，咸是妙明元心，心精徧圓，含裏十方」。法身徧宇宙，卽是心徧宇宙。又由此眞心演變而爲本體界與現象界。現象界的一切，皆是虛妄。但除現象界以外，又別無本體界。進一步說：現象實際就是本體。如金獅子之頭、尾、足與眼、耳、鼻、舌等之形像，各不相同，其爲金則一也。是進一步說：現象實際就是本體。我人當從生滅無常的現象中去體認亙古不變的本體。但是衆生迷眞逐妄，執色身爲有，因而無明妄動，產生紛擾塵穢的宇宙萬象。在淨識之外，起了種種染識。

西洋哲學中的認識論，分爲兩大派系。一爲理性派；一爲經驗派。理性派由亞里斯多德等所開創；至康德而集其大成。他們認爲感官的經驗是雜亂無章的，無知識的可言。因此便主張知識是理性的活動。只有理性的知識，才具有普遍性。而理性又是天賦的，先驗的（不假經驗）所謂感官，卽是佛家所稱的前五識。感官只有接受外界的刺激，以作意識資料的功能，並不能直接消化資料。因此談不到知識。必得經過第六識中所含藏的五俱意識（隨前五識接觸外境時所俱起的分別心，所以稱爲五俱意識）的表象作用。根據過去經驗，把資料加以辨認與分析，才能把感官所得到的資料，變爲知識。而發生意志的活動。理性派的說法，與佛家學說很多暗合之處。可惜他們的說明到第七識爲止，而不能體認第八識的作用。因此所謂先驗的理性，不免缺乏根據。因爲不能了解人心爲什麼會具有理性？理性又從何而來？如果這派學者知道所謂先驗，是過去無數刦中的生死輪廻在藏識所遺留下的業力；只截取此生的一段來看，似是憑空而來。若合併衆生無數刦中流轉生死的歷程來看：則知所謂先驗，仍是過去的經驗。並非如康德原意所謂：「先於經驗的理性」。經驗派爲培根等人所主張，認爲一切知識都從感官得來。人心如一張白紙，只能接受經驗，並沒有所謂天賦觀念。這種說法，是只承認了有佛家所謂前五識，而忽略了其餘各識的功能。當然更難令人滿意了。因爲他們所說的經驗，仍以此生爲限。而不研究同樣的事物，到了人們的感官以後，何以彼此有不同的觀感。與嬰兒何以有空間時間觀念及飲食技能？（參考拙著康德知識學說與唯識論文）故此派學說，尤爲膚淺。

心理學家把心理活動分爲知、情、意三種：由情感發展而爲詩歌與美術；由意志發展而爲道德及宗教；由理智發展而爲哲學與科學。粗看與佛家的心、意、識三分法很相似。詳細的分別，就知道二者根本不同。因爲佛家的識，是以了別爲義。也就是有了解和分別一切事物的功能。是屬於第六識的作用。心理學家所說的智，與之約略相當。凡感覺、知覺及透過感情與意志所發生的反省、推理、認識、判斷等複合或單純觀念，都包括在內。兩者的不同，在於心理學家以爲知識是客觀的，我人對於外界事物的認識，都是眞實不虛。佛家則重視主觀的（情感與意志）影響作用，而認定我人所能了知的，都是虛妄不實。佛家將此種主觀作用，稱之爲意。其中包括第六識的法執。（概念）和第七識的我執。（觀念卽主觀性的。概念爲客觀性的。）也包括情與意兩大部門。因情與意是一體的兩面，事實上不能強爲分別。如岳武穆的滿江紅，是詩歌，理應屬於情感；但能說不是意志的流露嗎？見孺子入井而往救，以及烈士殉國，烈女殉夫。是道德，理應屬於意志，但能說不是情感嗎？在比較之下，心理學比佛學缺少一個「心」。集起之心，是知、情、意三者之儲藏庫，屬於第八識的功能。他的作用：一方面是存留過去的經驗以刺激現行的意志；另一方面，又存留現行的意志與一切行動所留下的印象，以作將來行動的參考。過去的意識，與現行的意識，循環熏習，而產生潛在意識，作爲我人一切行動的基本動力。此種動力，心理學家都是含混其辭的稱爲本能。卻不能解釋爲什麼有此本能。其所犯的毛病，正如哲學家的理性派和經驗派所犯的毛病，都是相同。

心理學家認爲知識的成立，必須經過三個階段：一是感覺，二是知覺，三是觀念。由感覺而生知覺，再由知覺而生觀念。換言之：就是由前五識獲得外象，以作第六識的與件 Data 。根據與件的種類，而有種種名詞與觀念，作爲事物的記號。觀念與名詞的區別如下：

觀念是自然的記號，是外界事物的影響，存留在我人的意念中。

名詞爲約定記號，是我人對觀念所賦予的稱謂。（佛家稱爲增語）並沒有實存的畫面展現於意念之中。

觀念與名詞，雖有區別。不過當我們想及一個名詞，往往同時浮現他相應的觀念。當外物進入意識，成爲一個觀念時；同時也就有了該觀念的名稱。所以兩者有一而二，二而一的密切關係。若追索觀念一詞的來源：是由於日人把 idea 一字，擬於內典的觀心。但 idea 的原意，實是意念或意象。這僅是第六識（意）和第七識（情）的作用。而佛家的觀心，則透過識心而入於正智。所以現代心理學分析得比較詳盡的只是六七識；對於第八識就只能觸及到一點邊緣而已。離內典中以第九識爲目標的觀心，還遠得很。

在心識活動的過程中，對客觀事物的認識，並不完全一致。方便心論云：「五根所知，有時虛僞；惟有智慧，正觀諸法，名爲至上」。西方哲人，也多持這種相同的觀點。如赫拉克里認爲感性中的知識，沒有眞理。畢達哥拉斯認爲感性中的事物，只有主觀的眞理。此兩種說法，都是否定感官的正確性。巴美尼底斯認爲感官世界，並不存在，只有理性才能認知世界的本源。這也就是康德所主張的物如論。與佛家三性的說法，也可以互相印證。

佛家的三性：是偏計所執性；依他起性；圓成實性。前兩者相當於感性，後一種相當於理性或物如。偏計所執性，包括感官的錯覺，（前五識）及主觀的虛妄分別。（第七識）感官的錯覺：譬如因眼病而誤繩爲蛇，是本能的差異；主觀的虛妄分別：譬如因內在感情的變化而起幻覺，如因畏蛇而把繩當作蛇。依他起性是第六識的功能，純就事物的構成形態加以客觀的分析與認定。比如見繩而知其爲繩，這是衆人所共同的認識。但此種認識，仍不澈底。因繩子並不是本來具有的東西，僅是各種關係條件湊合而成的東西。（蔴與人工）各種關係條件不具備時，就不能成其爲繩子。所謂：「緣聚則生，緣散則滅」。所以認定繩子的存在，仍屬妄見。圓成實性，指物的自體而言。比如繩子的自體爲蔴。但是要注意物自體既不是感官所能觸對，也不是心識所能緣。此卽所謂：「實相無相」。因此蔴只是用來代表本體的象徵，不可認作肉眼中的蔴，便是物自體。否則與認蔴爲繩，沒有差別。仍是妄見。此種最高級的理性認識，超越了現象的範圍，自然不是有形事物所能表詮的。

根據近年以來醫學界的生理剖解。發現人類大腦的皮質，由於進化而分爲兩層與三種：卽新腦系爲一層，舊腦系和原始腦系兩種共爲一層。前者僅高等動物具有，而後兩種則爲一切動物所共同具有。新腦系主司理智的活動，是前六識的作用所由生；舊腦系主司食慾性慾等基本活動及感情活動，是七八兩識的作用所由生。至於原始腦系的作用何在，尙未十分明白。不過原始腦系旣與新舊腦系有別，自有其獨特的作用。現在姑且假定原始腦系係第九識所寄在，爲儲藏原始心靈的部份。如此認定，便是多種腦系的發現，與佛家唯識學說的分類，頗相脗合。

人類的精神活動作用，也可以分爲本體界與經驗界兩大部份。本體界就是人類的本覺，收藏在原始腦系裏面。經驗界可以分爲物理的生理的和心理的三大部份。物理的就是每個人的生活環境，爲客觀的器世界，也就是佛家所謂色、聲、香、味、觸五塵。生理的便是視、聽、嗅、嘗、觸和六根發用的語言行動。心理的可分爲深層意識，（舊腦系。卽七八兩識）與表層意識。（新腦系。前六識）心理學家將精神活動分爲四個階段：第一階段由深層意識發動，轉入表層意識，也就是由舊腦系刺激新腦系；第二階段經表層意識表象以後，把事物化成內在的標徵（觀念等）及語言。隨及發動腦電波，使心理與生理結合；第三階段由腦波刺激根身，顯露意識表徵，發爲語言與行動，就由生理變爲物理了；第四階段由物理上所顯露的意識表徵，再回到深層意識，由物理再變爲心理。此與佛家種現相熏的說法，完全相同。由心理而生理而物理，是種子熏現行。此種熏習，一步一步的轉變，不能躐等；由物理再回到心理，是現行熏種子。此種熏習，不必經過表層意識。凡生活環境中的一切事物，一經接觸感官，不必經由表層意識，可以直接進入深層意識中，留下印象。此印象卽成未來的種子。向外發出的活動爲語言行動，向內攝入的活動爲視、聽、嗅、嘗、觸。器官雖不相同，仍屬同一根身。由種現相熏的現象，可知根塵與識，有互爲因果的關係。至於第九識，則爲清淨種子，乃淨法所依，不屬於意識範圍。也超過了心理學家所謂精神活動四個階段。所以精神活動雖只有四個階段，但體系應分五層。最底下一層的淨識，不受上面四層染識的熏習。只是受其遮蔽，使淨識無法顯現。染去則淨現。所以佛法說：「但求息妄，莫更覓眞」。因爲「眞」（淨識）原爲衆生所本具。只要去「妄」，（染識）就自會顯出眞的來。如明鏡蒙塵，去塵卽可顯明。

以上將各家對心識問題的看法，作了一個大概的比較。並以生理學家對大腦系的發現，印證九識的說法。我們可以看出佛家對此問題的分析，最爲詳盡，也最爲合理。

心識叢談

全部佛學，所談的不外心識問題；一切有關佛學著作，所發揮的也不外心識問題。研究佛學，只要把心識問題弄清楚了，其餘的一切問題，自可迎刃而解。拙著對於心識問題，談之甚多，終覺意有未盡。因此在不厭繁瑣與不避重複之原則下，再談一次心識問題。

心識問題，包括知識問題；意識問題。由現象界而達本體界；由個人而遍及全宇宙。在空間上是大而無外，小而無內。由過去而及未來；由無始以至無終。在時間上是萬年一念，一念萬年。所以心識之爲量，是極廣大而盡精微。他是一切問題的樞紐。所以科學家、哲學家和宗教家都拿心識問題，作研究的對象。其所涉及的範圍：有物理、生理、心理、論理，乃至一切學科，莫不與之相關。萬法唯心。佛教的一切問題，皆以心識問題爲出發點，亦以心識問題爲最後的歸宿。惟牽涉過於廣泛，非簡單的篇幅所能說明。佛家談心識問題，最詳的是唯識宗。其所譯述的資料和華人的科判註釋及專門著作，都有很大的份量。自然無法一一討究。另一方面，隨着時代的前進，一切學識，都參加了許多新的血液。原有的細胞，發生了新陳代謝的作用，也不能專在故紙堆中找出路。邑人熊十力曾經寫過一本新唯識論，他有不同的創見，與唯識宗所談的不盡相同。熊氏有其一貫的思想體系和其獨特的風格。可以稱得上專門著作。筆者無此識見，不敢標新立異，只能本述而不作的原則，就原有的資料，憑個人的一知半解，拉雜的加以說明。

心識種類

心體：眞如佛性、本覺、如來藏識、妙淨明心

二分法：眞心（本心）妄心（習心）

　又：眞如門、生滅門

三分法：心、意、識

四分法：⑴四意識：五俱、獨散、夢位、定位

　⑵四蘊：受、想、行、識

五分法：⑴五心：率爾心、尋求心、決定心、染淨心、（業習）等流心

　⑵遍行心所：觸、作意、受、想、思

六識：眼、耳、鼻、舌、身、意

八識：前五識：了境（視聽嗅嚐觸）

第六識：分別（主觀客觀）

第七識：執我的業習

(1)俱生我執：恒審思量

(2)分別我執：人我執、法我執

第八識：受熏（接受外境刺激）持種（保存外境印象）輪廻（投胎）的業習

第九識卽心體：如來藏識（淨識）

心識活動層次

五眼：肉眼、天眼、慧眼、法眼、佛眼

三性：徧計所執性、依他起性、圓成實性

自我與宇宙的關係

心物一元：相、名、分別、正智、如如（五法）

能所一如：唯識變現，見相一體

上列心識種類，僅係經常所用名相，詳細分類，尚不止此。如一一予以詮釋，卽成巨著。事實上無此必要。本篇僅擇其比較重要的幾個問題，加以簡介。

業習

業指活動而言，佛家的業，分爲三種：卽身業、口業、意業，包括一切身心的活動在內。習指習染而言，通常亦稱習慣或慣習。業習卽由行動所刻劃的性格。此種性格，有指導行爲的潛在力量，所以亦稱業力。但此種力量，不是盲動的。他是由行爲的餘勢所產生，所以是具有慣性的重複過去的經驗。重複的次數愈多，他的潛力也愈大。遇有機緣，必儘量的發洩。譬如以杖擊輪，杖停而輪轉不停；以手投石，手停而石駛不停。輪轉的次數與石駛的距離及二者之速度，則視其用力之大小而定。旋轉與飛駛之方向，亦視用力者之意向而定。但此兩喻只能說明相連續之因果關係，而不能說明異時而熟之因果關係。又如鋼絲彈簧，在受壓時不能伸展。歷時雖久，一旦壓力減輕，隨卽恢復原狀。業力之持續性，亦復如是。「業雖經百刦，要當酬彼果」。野狐禪因聞「不昧因果」的一句轉語，領悟後卽脫野狐身。及世尊因擊魚頭而感頭痛的公案，都所以說明此理。

習性的改變最難，所謂習與性成，卽指由習染而變成本能而言。大智度論云：「聖賢雖斷煩惱，不能斷習」。如難陀尊者過去生中好淫，證阿羅漢果以後，欲念已斷。但其入座時必先觀女衆，足證斷習之難。孔子四十而不惑，卽是已斷煩惱，但到了七十歲才能從心所欲不逾矩。是必須於煩惱斷除以後三十年，始能斷習。等覺菩薩，還有一分無明未斷。無明卽是過去生中的積習。經過生死的悶絕階段後所留下來的糢糊觀念，作意志活動的主力。（無明是盲目的意志活動）到了等覺的地位，尚留有餘勢，足證習染之難除。如宜興茶壺用久了以後，雖無茶葉，而茶味不消；衣物受熏以後，雖無香草，而香氣不散。物理如此，心理亦然。從下面所說的反應事例，可以知道熏習對於心理所生的影響。

腦神經之反應

心理學上將意識活動，分爲無條件反應與條件反應兩種。無條件反應，係先天的生得性，乃自發性的反應。條件反應，係後天的獲得性，乃誘發性的反應。動物之行動，亦分爲本能的行動與習得的行動兩種。本能係指先天性的行動；習得係在生長過程中由學習所獲得之行動經驗。前者以無條件反應爲基礎，後者以條件反應爲基礎。反應之形成，皆保存於大腦皮質以內。動物由外在環境之刺激而起意識上的反應；由意識的反應而有行動。其收受儲藏及發動反應的神經細胞約一百四十億；大腦皮質內之神經元約爲百億。故能儲藏複雜之生活經驗。其每種經驗，皆能發生反應作用。以犬爲例：如屢次於擊鐘後飼犬以肉，則此犬以後一聞鐘聲卽便垂涎。是鐘聲爲垂涎之條件，垂涎爲鐘聲之反應。其說甚當。惟不受外境之刺激，由意識之自動而產生之行動，則視爲無條件反應，如食欲與性欲之衝動是。此說則頗爲牽強。因一切反應，皆由刺激而來。決無所謂無條件而自生之反應。所謂生得性先天性，並非此生所獲得。乃多生以來所獲得之經驗。換言之：卽過去生中所獲得之經驗。惟歷時過久，印象模糊，不自知其經驗之所自來耳。生理學家與心理學家每談到本能，卽不能推究其本能從何而來。宇宙間無一本有之事物，各有其關係的存在。物質之生滅變化，旣由能之活動使然。則意識之生滅變化，亦應不離能之活動因素。動物受外界之刺激，卽係由能之活動，以刺激神經細胞。此神經細胞，亦爲能之結合體。其中藏有曾經參加過去（包括多生多刦）活動之能羣於細胞內，卽構成動物之意識經驗。生理學家與心理學家，將在前生者視爲本能，在此生者視爲習得。其實皆經驗的再現。亦卽皆爲條件的反應。不過能的活動，因時間的久暫不同，而刺激性的大小有別。故反應的強弱，亦有不同。佛家所稱的業力，由熏習而來。卽曾參加意識活動之能羣也。

條件反應之心理作用，多於物理和生理作用。以水溫之感覺反應爲例：在燒水時以手置水中，當水溫達四十三度時，卽起溫覺，使血管擴張。水溫達六十三度時，卽起痛覺，使血管收縮。此爲無條件反應，屬於生理和物理作用。如於每次水溫達四十三度時，卽聞某種聲音。以後一聞此聲，卽起溫覺。如於每次水溫達六十三度時卽見某種光芒。以後一見此光，卽起痛覺。此爲正常的條件反應。屬於物理、生理作用而兼有心理作用者。此種條件反應，一經養成習慣以後，卽可發生異常狀態的條件反應。如前例：見光時雖所觸之水爲四十三度，而起痛覺；聞聲時雖所觸之水爲六十三度，而起溫覺。是生理、物理，完全受心理之影響。此就現世而言。若循此公式以逆推前世，則一切感覺，皆由心理所形成。孔子所謂性近習遠，與佛家之重視熏習，即此理也。

條件反應，可以分爲若干次元。如眼瞳受光之刺激而收縮，乃無條件的反應。如在每次發光以前，先聞鈴聲。則以後一聞鈴聲，眼瞳即便收縮，此爲第一次元之條件反應。如再易實際之鈴聲爲口述之鈴聲，眼瞳亦即收縮。此爲第二次元之條件反應。漸至見鈴字或思及鈴字，眼瞳亦隨之收縮。形成第三次元以上各次元之條件反應。已遠離實際事物而呈現反常現象。心理之熏習能力，不可思議也如此。

感覺與反應

吾人之內臟，本爲自律神經所控制。但外部之刺激，亦可控制自律神經。由於條件反應之形成，可以控制內臟及身體各部。五官爲外部刺激之受容器，內臟爲內部刺激之受容器。兩種受容器的反應，有相同的法則。惟外部刺激反應之形成，只須數十次的實驗；而內部刺激反應之形成，則須數百次的實驗。足證自律神經，曾受多生之熏習而成爲本能。故其改變亦難。因內臟機能，爲各類衆生所共有，不因輪廻之影響而改變，故積習較深。外部器官，各類衆生，各不相同。經過一次不同的輪廻，就有一次的改變，故積習較淺。積習較深的難改而較淺者易改。自是一定之理。

內臟機能，係由大腦中之舊皮質所控制，新皮質之活動，可以刺激舊皮質和古皮質，亦猶機關中處理公文，因新案而調閱舊案。吾人意志之活動，雖由新皮質所控制；而舊古皮質往往有決定性之影響力。此卽異時而熟之業力也。瑜伽行者能用意志控制其內臟，此卽新皮質刺激舊古皮質所發生之作用。故新、舊、古大腦皮質所發生之作用，可互相刺激，互爲因果。此卽種子與現行互相熏習之因果法則也。至各種腦皮層如何具有影響吾人生理與心理乃至物理之能力，則爲能量之招感作用。因舊古皮質中含藏曾參加過去心識活動之能羣，新皮質則含藏曾參加此生心識活動之能羣。一種能羣之活動，可以影響其餘各種能羣。（通常稱多數之能爲能量，指其與質相對而言。此稱能羣，則包括質量二者。）使其同時發生活動。但不受空間之限制。所謂：「放之則彌六合，卷之則退藏如密。」者此物也。「遍虛空，滿法界。」者此物也。「合內外之道。」者此物也。「一以貫之。」者此物也。哲學家之知情意，佛家之心意識，皆此物之體與用也。森羅萬象，乃其相耳。

感覺受容器均帶有能量以接受刺激。而生起刺激之事物，亦由能量之散發而刺激受容器。故感覺與事物之間，均由能量之散發，又因二者之接觸而生電波，以起興奮。而興奮的本身亦是能量。因刺激之能量不同，感覺能量的反應，亦有差異。如光刺激由於光長的差異，可能引起色彩的差異；由光波組合型態的差異，可能引起事物形態的差異。故感覺受容器是事物的分析器。另有一種特殊器官之學說，謂感受內容，不由刺激規定，而由於感覺器官性質的規定。兩說並無抵觸之處，且與佛理相合。由刺激所生之差異，爲現行熏種子；由感覺器所規定之刺激，乃種子熏習現行。

業力與輪迴

十二緣起中的無明、行、識三支，均爲心理活動過程。無明是過去行爲所養成的習性。具有無比的潛力。是一種盲目的意志。行是一種感情的活動。此種活動，純是基於自我的好惡而產生。其中也有先天性的，也有後天性的。是一種意志的活動。對於行爲，具有決定性的指導力量，可以說是一切行動的統帥。識是屬於理智的，對於一切事理的辨別，行動的選擇，都是根據他的判斷。他等於行動的參謀長。雖聽命於行；但也具有左右行的力量。識是後天的，但其中也隱藏着先天性格。它的靜的功用，（八識）等於檔案室或資料室，收藏着許多過去的經驗資料。這些經驗資料，便成吾人行動的參考。同時吾人現在的一切行動的資料，又被收藏在第八識中，作將來行動的參考。因此過去的行爲影響現在；現在的行爲，又影響將來。此即佛家所謂業力。業力是衆生活動的中心；而活動又是業力的種子。所謂因果與輪廻，卽循此法則而產生。儒家所稱之天命，卽業力之別名也。亞里士多德謂由行動而生性格；叔本華謂由性格而生行動，兩說各有理由，而又各有偏頗。佛家所謂現行熏種子，卽同亞氏之說；而種子又熏現行，卽同叔氏之說。綜合兩說，始能圓融無礙。

輪廻是以業力爲主體。業力乃行爲之餘勢，亦卽吾人之生活習氣。近代物理學證明能力不滅。吾人心識之活動，有腦電波發散，卽能之力也。軀殼雖毀，僅係物質之毀滅。（其實乃是一種軀殼形態之轉變，物質依然存在。）而能則不滅。心識卽參加吾人共同生活之能羣，永恒存在。離開此一軀殼，又依附於另一軀殼。隨其生平活動之習慣，以爲趣生之指標。習近人天者，則趣人天；習近畜生的者，則趣畜生。……非任何他力所能改變也。惟有斷盡一切習染，始能與大自然混然一氣，不受業力之牽引，是爲解脫。所謂：「合內外之道」，「上下與天地同流」。亦是此種境界。是所謂輪廻者，實卽心能之活動習慣，不可以迷信視之也。

結論

此篇乃作者於彙輯以上各篇後一時興到之作，草率執筆，拉雜成篇。其中所談者，雖偏重業習問題，未能涉及全部心識問題。但業習實爲心識乃至全部佛學重心之所在。能了解業習問題，則於心識問題至全部佛學，亦思過半矣。卽以此數語，作本文之結論，亦卽以之作各篇之共同結論。

滄海叢刊已刊行書目(八)

書名	作者	類別
文學欣賞的靈魂	劉述先	西洋文學
西洋兒童文學史	葉詠琍	西洋文學
現代藝術哲學	孫旗譯	藝術
音樂人生	黃友棣	音樂
音樂與我	趙琴	音樂
音樂伴我遊	趙琴	音樂
爐邊閒話	李抱忱	音樂
琴臺碎語	黃友棣	音樂
音樂隨筆	趙琴	音樂
樂林蓽露	黃友棣	音樂
樂谷鳴泉	黃友棣	音樂
樂韻飄香	黃友棣	音樂
樂圃長春	黃友棣	音樂
色彩基礎	何耀宗	美術
水彩技巧與創作	劉其偉	美術
繪畫隨筆	陳景容	美術
素描的技法	陳景容	美術
人體工學與安全	劉其偉	美術
立體造形基本設計	張長傑	美術
工藝材料	李鈞棫	美術
石膏工藝	李鈞棫	美術
裝飾工藝	張長傑	美術
都市計劃概論	王紀鯤	建築
建築設計方法	陳政雄	建築
建築基本畫	陳榮美 楊麗黛	建築
建築鋼屋架結構設計	王萬雄	建築
中國的建築藝術	張紹載	建築
室內環境設計	李琬琬	建築
現代工藝概論	張長傑	雕刻
藤竹工	張長傑	雕刻
戲劇藝術之發展及其原理	趙如琳譯	戲劇
戲劇編寫法	方寸	戲劇
時代的經驗	汪琪 彭家發	新聞
大衆傳播的挑戰	石永貴	新聞
書法與心理	高尚仁	心理

滄海叢刊已刊行書目(七)

書名	作者	類別
印度文學歷代名著選(上)(下)	糜文開編譯	文學
寒山子研究	陳慧劍	文學
魯迅這個人	劉心皇	文學
孟學的現代意義	王支洪	文學
比較詩學	葉維廉	比較文學
結構主義與中國文學	周英雄	比較文學
主題學研究論文集	陳鵬翔主編	比較文學
中國小說比較研究	侯健	比較文學
現象學與文學批評	鄭樹森編	比較文學
記號詩學	古添洪	比較文學
中美文學因緣	鄭樹森編	比較文學
文學因緣	鄭樹森	比較文學
比較文學理論與實踐	張漢良	比較文學
韓非子析論	謝雲飛	中國文學
陶淵明評論	李辰冬	中國文學
中國文學論叢	錢穆	中國文學
文學新論	李辰冬	中國文學
離騷九歌九章淺釋	繆天華	中國文學
苕華詞與人間詞話述評	王宗樂	中國文學
杜甫作品繫年	李辰冬	中國文學
元曲六大家	應裕康 王忠林	中國文學
詩經研讀指導	裴普賢	中國文學
迦陵談詩二集	葉嘉瑩	中國文學
莊子及其文學	黃錦鋐	中國文學
歐陽修詩本義研究	裴普賢	中國文學
清真詞研究	王支洪	中國文學
宋儒風範	董金裕	中國文學
紅樓夢的文學價值	羅盤	中國文學
四說論叢	羅盤	中國文學
中國文學鑑賞舉隅	黃慶萱 許家鸞	中國文學
牛李黨爭與唐代文學	傅錫壬	中國文學
增訂江皋集	吳俊升	中國文學
浮士德研究	李辰冬譯	西洋文學
蘇忍尼辛選集	劉安雲譯	西洋文學

滄海叢刊已刊行書目(六)

書名	作者	類別
卡薩爾斯之琴	葉石濤	文學
青囊夜燈	許振江	文學
我永遠年輕	唐文標	文學
分析文學	陳啓佑	文學
思想起	陌上塵	文學
心酸記	李喬	文學
離訣	林蒼鬱	文學
孤獨園	林蒼鬱	文學
托塔少年	林文欽編	文學
北美情逅	卜貴美	文學
女兵自傳	謝冰瑩	文學
抗戰日記	謝冰瑩	文學
我在日本	謝冰瑩	文學
給青年朋友的信(上)(下)	謝冰瑩	文學
冰瑩書柬	謝冰瑩	文學
孤寂中的廻響	洛夫	文學
火天使	趙衛民	文學
無塵的鏡子	張默	文學
大漢心聲	張起鈞	文學
回首叫雲飛起	羊令野	文學
康莊有待	向陽	文學
情愛與文學	周伯乃	文學
湍流偶拾	繆天華	文學
文學之旅	蕭傳文	文學
鼓瑟集	幼柏	文學
種子落地	葉海煙	文學
文學邊緣	周玉山	文學
大陸文藝新探	周玉山	文學
累廬聲氣集	姜超嶽	文學
實用文纂	姜超嶽	文學
林下生涯	姜超嶽	文學
材與不材之間	王邦雄	文學
人生小語(一)(二)	何秀煌	文學
兒童文學	葉詠琍	文學

滄海叢刊已刊行書目(五)

書名	作者	類別
中西文學關係研究	王潤華	文學
文開隨筆	糜文開	文學
知識之劍	陳鼎環	文學
野草詞	韋瀚章	文學
李韶歌詞集	李韶	文學
石頭的研究	戴天	文學
留不住的航渡	葉維廉	文學
三十年詩	葉維廉	文學
現代散文欣賞	鄭明娳	文學
現代文學評論	亞菁	文學
三十年代作家論	姜穆	文學
當代臺灣作家論	何欣	文學
藍天白雲集	梁容若	文學
見賢集	鄭彥棻	文學
思齊集	鄭彥棻	文學
寫作是藝術	張秀亞	文學
孟武自選文集	薩孟武	文學
小說創作論	羅盤	文學
細讀現代小說	張素貞	文學
往日旋律	幼柏	文學
城市筆記	巴斯	文學
歐羅巴的蘆笛	葉維廉	文學
一個中國的海	葉維廉	文學
山外有山	李英豪	文學
現實的探索	陳銘磻編	文學
金排附	鍾延豪	文學
放鷹	吳錦發	文學
黃巢殺人八百萬	宋澤萊	文學
燈下燈	蕭蕭	文學
陽關千唱	陳煌	文學
種籽	向陽	文學
泥土的香味	彭瑞金	文學
無緣廟	陳艷秋	文學
鄉事	林清玄	文學
余忠雄的春天	鍾鐵民	文學
吳煦斌小說集	吳煦斌	文學

滄海叢刊已刊行書目(四)

書名	作者	類別
歷史圈外	朱桂	歷史
中國人的故事	夏雨人	歷史
老臺灣	陳冠學	歷史
古史地理論叢	錢穆	歷史
秦漢史	錢穆	歷史
秦漢史論稿	刑義田	歷史
我這半生	毛振翔	歷史
三生有幸	吳相湘	傳記
弘一大師傳	陳慧劍	傳記
蘇曼殊大師新傳	劉心皇	傳記
當代佛門人物	陳慧劍	傳記
孤兒心影錄	張國柱	傳記
精忠岳飛傳	李安	傳記
八十憶雙親 師友雜憶 合刊	錢穆	傳記
困勉強狷八十年	陶百川	傳記
中國歷史精神	錢穆	史學
國史新論	錢穆	史學
與西方史家論中國史學	杜維運	史學
清代史學與史家	杜維運	史學
中國文字學	潘重規	語言
中國聲韻學	潘重規 陳紹棠	語言
文學與音律	謝雲飛	語言
還鄉夢的幻滅	賴景瑚	文學
葫蘆・再見	鄭明娳	文學
大地之歌	大地詩社	文學
青春	葉蟬貞	文學
比較文學的墾拓在臺灣	古添洪 陳慧樺 主編	文學
從比較神話到文學	古添洪 陳慧樺	文學
解構批評論集	廖炳惠	文學
牧場的情思	張媛媛	文學
萍踪憶語	賴景瑚	文學
讀書與生活	琦君	文學

滄海叢刊已刊行書目(二)

書名	作者	類別
不疑不懼	王洪鈞	教育
文化與教育	錢穆	教育
教育叢談	上官業佑	教育
印度文化十八篇	糜文開	社會
中華文化十二講	錢穆	社會
清代科舉	劉兆璸	社會
世界局勢與中國文化	錢穆	社會
國家論	薩孟武譯	社會
紅樓夢與中國舊家庭	薩孟武	社會
社會學與中國研究	蔡文輝	社會
我國社會的變遷與發展	朱岑樓主編	社會
開放的多元社會	楊國樞	社會
社會、文化和知識份子	葉啓政	社會
臺灣與美國社會問題	蔡文輝 蕭新煌 主編	社會
日本社會的結構	福武直 著 王世雄 譯	社會
三十年來我國人文及社會科學之回顧與展望		社會
財經文存	王作榮	經濟
財經時論	楊道淮	經濟
中國歷代政治得失	錢穆	政治
周禮的政治思想	周世輔 周文湘	政治
儒家政論衍義	薩孟武	政治
先秦政治思想史	梁啓超原著 賈馥茗標點	政治
當代中國與民主	周陽山	政治
中國現代軍事史	劉馥 著 梅寅生 譯	軍事
憲法論集	林紀東	法律
憲法論叢	鄭彥棻	法律
師友風義	鄭彥棻	歷史
黃帝	錢穆	歷史
歷史與人物	吳相湘	歷史
歷史與文化論叢	錢穆	歷史

滄海叢刊已刊行書目(二)

書名	作者	類別
語言哲學	劉福增	哲學
邏輯與設基法	劉福增	哲學
知識・邏輯・科學哲學	林正弘	哲學
中國管理哲學	曾仕强	哲學
老子的哲學	王邦雄	中國哲學
孔學漫談	余家菊	中國哲學
中庸誠的哲學	吳怡	中國哲學
哲學演講錄	吳怡	中國哲學
墨家的哲學方法	鍾友聯	中國哲學
韓非子的哲學	王邦雄	中國哲學
墨家哲學	蔡仁厚	中國哲學
知識、理性與生命	孫寶琛	中國哲學
逍遙的莊子	吳怡	中國哲學
中國哲學的生命和方法	吳怡	中國哲學
儒家與現代中國	韋政通	中國哲學
希臘哲學趣談	鄔昆如	西洋哲學
中世哲學趣談	鄔昆如	西洋哲學
近代哲學趣談	鄔昆如	西洋哲學
現代哲學趣談	鄔昆如	西洋哲學
現代哲學述評(一)	傅佩榮譯	西洋哲學
懷海德哲學	楊士毅	西洋哲學
思想的貧困	韋政通	思想
不以規矩不能成方圓	劉君燦	思想
佛學研究	周中一	佛學
佛學論著	周中一	佛學
現代佛學原理	鄭金德	佛學
禪話	周中一	佛學
天人之際	李杏邨	佛學
公案禪語	吳怡	佛學
佛教思想新論	楊惠南	佛學
禪學講話	芝峯法師譯	佛學
圓滿生命的實現(布施波羅蜜)	陳柏達	佛學
絕對與圓融	霍韜晦	佛學
佛學研究指南	關世謙譯	佛學
當代學人談佛教	楊惠南編	佛學

滄海叢刊已刊行書目(一)

書名	作者	類別
國父道德言論類輯	陳立夫	國父遺教
中國學術思想史論叢(一)(二)(三)(四)(五)(六)(七)(八)	錢穆	國學
現代中國學術論衡	錢穆	國學
兩漢經學今古文平議	錢穆	國學
朱子學提綱	錢穆	國學
先秦諸子繫年	錢穆	國學
先秦諸子論叢	唐端正	國學
先秦諸子論叢(續篇)	唐端正	國學
儒學傳統與文化創新	黃俊傑	國學
宋代理學三書隨劄	錢穆	國學
莊子纂箋	錢穆	國學
湖上閒思錄	錢穆	哲學
人生十論	錢穆	哲學
晚學盲言	錢穆	哲學
中國百位哲學家	黎建球	哲學
西洋百位哲學家	鄔昆如	哲學
現代存在思想家	項退結	哲學
比較哲學與文化(一)(二)	吳森	哲學
文化哲學講錄(一)(二)(三)(四)	鄔昆如	哲學
哲學淺論	張康譯	哲學
哲學十大問題	鄔昆如	哲學
哲學智慧的尋求	何秀煌	哲學
哲學的智慧與歷史的聰明	何秀煌	哲學
內心悅樂之源泉	吳經熊	哲學
從西方哲學到禪佛教 —「哲學與宗教」一集—	傅偉勳	哲學
批判的繼承與創造的發展 —「哲學與宗教」二集—	傅偉勳	哲學
愛的哲學	蘇昌美	哲學
是與非	張身華譯	哲學